via reise verlag

Klaus Sch[illegible]

Mit dem DEUTSCHLAND-TICKET ab Berlin

32 schöne Touren zwischen Ostsee und Harz

Das Land erleben

Meerluft schnuppern

Ab in die Berge

Regionalbahn bei Tharandt in Sachsen

Reisen mit dem Deutschland-Ticket

Ist das nicht traumhaft: Mit dem Deutschland-Ticket kann man im ganzen Land mit allen Bussen und Bahnen im Nahverkehr reisen, ohne ein weiteres Ticket kaufen zu müssen. Dabei ist man preiswert und umweltfreundlich unterwegs.

Besonders Bahnfahren kann sehr entspannend sein, gerade auch auf Nebenstrecken. Man wird gemächlich durch die schönsten Landschaften gefahren, bekommt den Kopf frei und kann sich auf das Fahrziel einstellen. Ein dichtes Schienennetz, überwiegend Taktverkehr und meist moderne Züge machen das Bahnfahren komfortabel.

In diesem Buch stelle ich 32 reizvolle Ziele für Reisen mit dem Deutschland-Ticket ab Berlin vor. Darunter sind bekannte und weniger bekannte Orte und Landschaften. Alle haben etwas ganz Besonderes. Und natürlich gibt es noch viel mehr interessante Ziele, die man mit dem Deutschland-Ticket gut von Berlin erreichen kann.

Quer durchs Land, ans Meer oder in die Berge: Von Berlin aus hat man die Wahl. So fährt der Harz-Berlin-Express an Wochenenden nonstop in den Harz. Auch die Sächsische Schweiz und die Zittauer Berge sind schnell erreicht. Ebenso wie die Ostseeküste mit ihren langen Stränden und einladenden Seebädern. Ich wünsche Ihnen nun viel Spaß bei den Touren mit dem Deutschland-Ticket.

Herzlich,

Auch viele Schmalspurbahnen kann man mit dem Deutschland-Ticket benutzen

Das Land erleben

Schöne alte Städte oder weite Naturlandschaften mit Seen und Wäldern, die man immer schon einmal kennenlernen wollte – mit dem Deutschland-Ticket lässt sich unkompliziert das eigene Land entdecken.

Blick über die Neiße auf Görlitz

1

Prinzen und Dichter

Rheinsberg

Rheinsberg am südlichen Rand der Mecklenburgischen Seenplatte ist die kulturvollste Kleinstadt Brandenburgs. Das anmutige Schloss und die schöne Lage am See inspirieren bis heute Künstler aller Art.

Bahnhof Rheinsberg

1 Stunde 33 Minuten ab Berlin Hbf (einmal umsteigen)

Tagesausflug, Langes Wochenende, Urlaub

Stadtspaziergang, Schloss besichtigen, wandern, baden

In der Nähe: Eine schöne Radtour führt zum 13 km entfernten Stechlinsee

Sonntagnachmittag am weitläufigen Marktplatz von Rheinsberg: Besucher und Einheimische flanieren unter alten Kastanien- und Ahornbäumen, Fuhrleute bieten Kutsch- und Kremsertouren an, Cafés und Restaurants aller Preisklassen warten auf Gäste – und am südlichen Rand des Platzes prunkt das Schloss. Wären da nicht auch Autos, die den Marktplatz ab und zu überqueren, könnte man sich leicht in frühere Zeiten zurückversetzt fühlen.

Seine besondere Ausstrahlung verdankt Rheinsberg dem barocken Wasserschloss: Die dreiflügelige Anlage wurde nach Plänen des preußischen Hofarchitekten Knobelsdorff im 18. Jahrhundert umgebaut und ergibt zusammen mit dem großen Schlosspark ein reizvolles Ensemble unmittelbar am Seeufer.

Auch die regelmäßige Stadtanlage mit Bezug auf das Schloss ist Knobelsdorff zu verdanken: Nach dem großen Brand von 1740 entstanden ein- bis zweigeschossige Traufhäuser auf einem rechtwinkligen Straßenraster, das in so genannte „Quarrés" eingeteilt wurde. Die Pfarrkirche St. Laurentius, ein frühgotischer Granitbau, hatte die Feuersbrunst überstanden und steht heute etwas quer zum strengen preußischen Stadtgrundriss.

Dass Rheinsberg ab der zweiten Hälfte des 19. Jahrhunderts zum beliebten Ausflugs- und Luftkurort wurde, ist auch zwei Schriftstellern zu verdanken. Zum einen natürlich Theodor Fontane, der den Reiz von Stadt, Schloss und Seenlandschaft schon in seinen zwischen 1862

Schloss Rheinsberg ist eines der schönsten Schlösser in Brandenburg

und 1882 erschienenen „Wanderungen durch die Mark“ beschrieben hatte. Zum anderen Kurt Tucholsky: 1912 wurde er mit der Liebesgeschichte „Rheinsberg – ein Bilderbuch für Verliebte“ bekannt und setzte dem Landstädtchen ein literarisches Denkmal. Die Stadt dankt es dem Autor heute mit einer Ausstellung in der Kurt-Tucholsky-Gedenkstätte im Schloss Rheinsberg.

Das ganz von Wasser umgebene Schloss mit seinem kunstvoll gestalteten Park gehört zu den schönsten Schlossanlagen Brandenburgs. Dies ist hauptsächlich dem jungen Kronprinzen Friedrich, später Friedrich der Große, zu verdanken: Nachdem er von seinem Vater, dem „Soldatenkönig“ Friedrich Wilhelm I., das ursprünglich mittelalterliche Renaissance-Palais geschenkt bekommen hatte, ließ der kunstbegeisterte Friedrich das Gebäude in den Jahren 1734 bis 1740 umbauen. Es entstand die symmetrische Anlage mit Rokoko-Interieur, die noch heute zu bewundern ist. Der junge Friedrich zog mit seiner frisch angetrauten Frau ins Schloss. Weit genug von seinem despotischen Vater entfernt, konnte er seinen Leidenschaften nachgehen: Der Prinz philosophierte und musizierte im Kreis von Gelehrten, Künstlern und Musikern.

Für die fantasiereiche Gestaltung des Parks und späterer Schlossanbauten ist Friedrichs jüngerer Bruder Heinrich verantwortlich: Dieser kümmerte sich um Schloss Rheinsberg, nachdem Friedrich 1740 in Berlin ins Berufsleben eintreten musste – nach dem Tod des Soldatenkönigs wurde Friedrich König von Preußen. Heinrich, ein ebenfalls den Künsten zugewandter Mensch, widmete sich besonders der Gestaltung der Außenflächen. So entstand am Grienericksee eine preußische Kulturlandschaft mit raffiniert angelegten Sichtachsen, Skulpturen, Grotten und Denkmälern. Prinz Heinrich residierte bis zu seinem Tod 1802 im Schloss Rheinsberg. Er ließ auch das Schlosstheater bauen, das im Zweiten Weltkrieg zerstört wurde und heute in neuem Glanz erstrahlt.

Die Kammeroper Schloss Rheinsberg veranstaltet alljährlich im Sommer ein internationales Opernfestival. Es treten ausschließlich junge talentierte Opernsänger auf, die auf diese Weise gefördert werden. Die sehens- und hörenswerten Aufführungen finden im Schlosspark oder im Schlosstheater statt.

Schloss Rheinsberg
Neben den restaurierten Gemächern der brandenburgischen Prinzen mit originaler Raumdekoration aus der Zeit um 1740 lohnt auch das Kurt Tucholsky Literaturmuseum den Besuch.
Schloss Rheinsberg 2 | 16831 Rheinsberg | www.spsg.de |
Apr.–Okt. Di–So 10–17.30 Uhr, Nov.–März Di–So 10–16 Uhr

Zum Alten Fritz
Familiengeführtes Restaurant mit Crossover-Küche, die regionale, nationale und internationale Gerichte kombiniert.
Schlossstraße 11 | 16831 Rheinsberg | (03 39 31) 20 86 |
www.alterfritz-rheinsberg.de | Mi–Fr 18–22, Sa/So/Fei 12–22 Uhr

Schloss und Schlosstheater Rheinsberg liegen malerisch am Grienericksee

2

Typisch Spreewald

Lübbenau

Das alte Städtchen Lübbenau ist mit seinem Kahnhafen ein „Muss“ für alle Spreewaldbesucher. Dazu gehört ein Ausflug ins Dorf Lehde – ob per Kahn oder zu Fuß. Mehr Spreewald geht nicht.

Bahnhof Lübbenau

1 Stunde 9 Minuten ab Berlin Hbf

Tagesausflug, Langes Wochenende, Urlaub

Kahnfahrt, Paddeltour, Wanderung, Stadtbesichtigung

In der Nähe: Lübben im Unterspreewald (6 Minuten Bahnfahrt)

Lübbenau – beim ersten Spaziergang durch die Gassen der Altstadt fallen die vielen zweisprachigen Hinweisschilder auf: Hier ist das Gebiet der Sorben. Das Sorbische, eine alte slawische Sprache, wird bis heute gesprochen und sogar in der Schule gelehrt.

Lübbenau wurde erstmals im Jahre 1315 urkundlich erwähnt. Der Ort war aber schon viel früher besiedelt, was Funde aus dem 8./9. Jahrhundert unterhalb des Schlosses zeigen. Die Lage im Spreewald prägte das Städtchen seit jeher.

Auf dem Weg zum großen Spreehafen überquert man den dreieckigen Markplatz mit der Pfarrkirche St. Nikolai von 1714. Etwas westlich davon liegt am Topfmarkt das sehenswerte Spreewaldmuseum, das aus vier originalen Hofanlagen aus dem Spreewald besteht – eine gute Einstimmung vor der Kahnfahrt durch die Auenlandschaft.

Je mehr man sich dem Großen Kahnhafen nähert, desto mehr taucht man in den Spreewald ein – und steigt die Zahl der Touristen, jedenfalls an den Wochenenden. Der Hafen liegt malerisch an den Ausläufern der Spreewaldfließe. Von hier starten unzählige der berühmten Spreewaldkähne zu großen oder kleinen Fahrten. Längst ist der Tourismus, und besonders der Kahntourismus, zum wichtigen Wirtschaftsfaktor Lübbenaus geworden. Kein Wunder: Nirgendwo ist der Spreewald so typisch wie rund um Lübbenau, nirgendwo sonst werden die sorbischen Traditionen so gepflegt. Lübbenau ist das touristische Highlight des Spreewalds.

Einsteigen bitte! Im Großen Hafen von Lübbenau warten Spreewaldkähne

Bevor man sich auf den Kahn begibt, lohnt aber noch ein Blick auf das klassizistische Schloss unweit vom großen Hafen. Es ist von einem englischen Landschaftsgarten umgeben, in dem auch eine Orangerie steht. Heute ist im Schloss ein Hotel untergebracht.

Statt mit dem Kahn kann man auch zu Fuß ins zwei Kilometer entfernte, denkmalgeschützte Lagunendorf Lehde gelangen. Ein als Naturlehrpfad gestalteter Weg beginnt unweit des Großen Hafens. Bis 1928 konnte man Lehde nur mit dem Kahn erreichen.

In Lehde ist auf engstem Raum alles versammelt, was den Spreewald berühmt gemacht hat: die Fließe, die Inseln, die Erlen, die Kähne und die schilfgedeckten Bauernhäuser. Drei vollständig erhaltene Hofanlagen bieten einen Einblick in das Leben der Spreewaldbauern im 19. Jahrhundert. Werkstätten für Kahnbau und Blaudruck, die Meerrettichreiberei und die Töpferei zeigen außerdem das typische Handwerk der Gegend. Im Bauernhaus- und Gurkenmuseum erfährt man viel darüber, auf wie viele verschiedene Arten Gurken eingelegt werden können. Schon im Mittelalter hatten slawische Siedler herausgefunden, dass die Gurke im feuchtwarmen Mikroklima gut gedeiht. Zur Delikatesse wurde das Gemüse allerdings erst durch das Einlegen mit Salz, Essig und feinen Kräutern.

Heute ist Lehde das wichtigste Ziel für den Kahntourismus ab Lübbenau. Man steigt im Lübbenauer Hafen auf einen Kahn, lässt sich durch die wundervollen Fließe staken und hat dann in Lehde ein bis zwei Stunden Zeit, um den Ort zu erkunden und einzukehren.

★ **Haus für Mensch und Natur**
Dauerausstellung über die Entwicklung des Spreewalds von der Ur- zur Kulturlandschaft.
Schulstraße 9, 03222 Lübbenau | Tel. (0 35 42) 8 92 10 |
Apr.–Okt. Di–So 10–17, Nov.–März Di–Fr 10–15 Uhr

Zum Grünen Strand der Spree
Traditionsrestaurant mit Biergarten, regionale Küche.
Dammstraße 81 | 03222 Lübbenau |
www.schwerdtners-kahnfahrten.de

Echt entspannend, so eine Kahntour durch den Spreewald

3

Wunder von Neuzelle

Neuzelle

Seit fast 750 Jahren existiert das Kloster Neuzelle. Es ist das einzige vollständig erhaltene Zisterzienserkloster in Brandenburg. Das Herzstück der Anlage, die opulent mit Stuck verzierte Kirche St. Marien, gilt als „Barockwunder der Mark“ – und als Besuchermagnet.

Bahnhof Neuzelle

1 Stunde 47 Minuten ab Berlin Hbf (einmal umsteigen)

Tagesausflug, Langes Wochenende,

Klosterbesuch, Klostergarten, Klosterbrauerei

In der Nähe: Eisenhüttenstadt, die historische DDR-Planstadt (4 Minuten mit der Bahn)

Ein Wunder ist auch, dass die Klosteranlage weitgehend unversehrt die Jahrhunderte überlebt hat. Gegründet wurde Kloster Neuzelle von Markgraf Heinrich dem Erlauchten von Meißen und der Ostmark. Er unterzeichnete am 12. Oktober 1268 die Stiftungsurkunde. 1281 zogen Mönche aus dem sächsischen Altzella im Kloster ein. Erst knapp 50 Jahre später fand die Weihung der ersten Kirche statt. In der Folgezeit hatte das Kloster Überfälle der Hussiten, die Reformationszeit und die Napoleonischen Feldzüge zu überstehen.

Heute stehen die Besucher staunend vor der barocken Pracht. Solche Stuckgirlanden und strahlend weißen Deckenfresken kennt man sonst nur aus bayerischen Kirchen. Für die opulente Ausstattung der Kirche sind böhmische Künstler verantwortlich: Neuzelle wurde zu Beginn des 17. Jahrhunderts an Böhmen angeschlossen. Zwar fiel die Lausitz 1623 wieder an den sächsischen Kurfürsten. Aber die katholischen Stifte des Ordens blieben erhalten. Zwischen 1730 und 1740 kamen die böhmischen Künstler und vollendeten die einige Jahre zuvor begonnene barocke Bauperiode. Mit der Innengestaltung der Kirche St. Marien schufen sie ein echtes Meisterwerk.

Nach dem Wiener Kongress 1815 fiel die Niederlausitz an Preußen. Zwei Jahre später, 1817, beschloss das preußische Königshaus die Auflösung des Klosters. Seitdem diente die Anlage verschiedenen Zwecken, in der DDR war sie zuletzt eine Weiterbildungsstätte für Schul- und Kindergartenpersonal. Nun aber wird längst wieder an

Der Klostergarten in Neuzelle ist die einzige barocke Gartenanlage Brandenburgs

die alten Traditionen angeknüpft. Zwar gibt es keine Mönche mehr in Neuzelle: Statt der Geistlichen bevölkern heute die Schüler einer privaten deutsch-polnischen Schule den Ort.

Doch die Besucher erleben eine mehr und mehr originalgetreu restaurierte Klosteranlage. So wurden Figuren und Kulissen der Passionsdarstellung von 1751 renoviert. Auch der Barockgarten ist fast vollständig wiederhergestellt worden. Eine Ausstellung im Kreuzgang informiert über die Klostergeschichte und dokumentiert den Tagesablauf in einem Zisterzienserkloster. Zu einem Klosterbesuch gehört auch ein Besuch in der Klosterbrauerei. Hier wird seit über 700 Jahren aus Hopfen und Malz das Neuzeller Schwarzbier gebraut. Allerdings fügen die Neuzeller Brauer nach einem alten Rezept auch Zuckerrübensirup hinzu. Das wiederum verstößt gegen das deutsche Reinheitsgebot für Bier aus dem Jahr 1516, weswegen das Gebräu nicht als Bier bezeichnet werden darf. Dem Geschmack und der berauschenden Wirkung des „Schwarzen Abt" tut dies keinen Abbruch … Vor dem Besuch der Klosterschänke sollte man noch den 15-minütigen, ausgeschilderten Fußweg zum Strohhaus auf sich nehmen: Im dort untergebrachten Heimatmuseum erfährt man, wie mühselig das Landleben im 18. Jahrhundert war.

★ **Museum Strohhaus Neuzelle**
Das Strohhaus Neuzelle gewährt Einblicke in das Leben der damaligen Bediensteten des Klosters Neuzelle.
Slawengrund 11 15898 Neuzelle | Mi–So 11–16 Uhr

Klosterklause
Gasthof direkt vor den Toren des Klosters Neuzelle, mit Biergarten. Spezialitäten Neuzeller Mönchsrolle, Neuzeller Schwarzbierbraten, Schlaubetalteller. Auch vegane und vegetarische Gerichte.
Brauhausplatz 4 | 15898 Neuzelle | Tel. (03 36 52) 3 90 | www.klosterklause.de | Mi–So ab 11.30 Uhr

Die Stiftskirche St. Marien erstrahlt im böhmischen Barockstil

4

Kulturstadt mit Mops

Brandenburg an der Havel

In Brandenburg an der Havel gibt es viel zu entdecken: Die 71 000-Einwohner-Stadt hat gleich drei historische Stadtkerne, jede Menge Industriekultur und seit der BUGA 2015 besonders schöne grüne Orte. Bei der Erkundung sollte man nach 14 Möpsen aus Bronze Ausschau halten. Sie erinnern – über die Stadt verteilt – an Vicco von Bülow alias Loriot, der hier geboren wurde.

Brandenburg Hbf

50 Minuten ab Berlin Hbf

Tagesausflug, Langes Wochenende,

Stadtspaziergang, Museen besuchen, auf der Havel schippern.

In der Nähe: Kirchmöser mit seinen Seen (6 Minuten Bahnfahrt)

Vom Hauptbahnhof aus – heute ein klassizistisches Schmuckstück – führt ein schöner Spazierweg in die Innenstadt. Man folgt zunächst den Wegweisern zum Archäologischen Landesmuseum. Durch die Kleine Gartenstraße, die anfangs eine Fußgängerstraße ist, gelangt man nach knapp 500 Metern zur Kirchhofstraße, in die man rechts einbiegt. Nach 200 Metern zweigt links zwischen Industriearchitektur ein unscheinbarer Fußweg ab, der bald zu einer Brücke wird und über den Schleusenkanal führt. Der Blick von der Brücke lohnt sich – der idyllische Schleusenkanal ist von Grün eingerahmt.

Die Neustadt

Auf der gegenüberliegenden Seite des Wasserweges angekommen, steht man unvermittelt auf einem hübschen Platz und sieht die Rückseite eines gotischen Gebäudes – das Paulikloster mit der Dreifaltigkeitskirche. Die Ursprünge des Klosters liegen im 13. Jahrhundert. Im Zweiten Weltkrieg stark beschädigt, beherbergt das ehemalige Dominikanerkloster seit 2008 das Archäologische Landesmuseum Brandenburg. Auf einem chronologischen Rundgang lernt man die Kulturgeschichte Brandenburgs von der Steinzeit bis heute kennen. Der historische Gebäudekomplex – ein herausragendes Beispiel für Brandenburger Backsteingotik – ist Teil der Dauerausstellung. Links führt die Neustädtische Heidestraße weiter zum Steintorturm, einem von einst zehn Türmen der mittelalterlichen Stadtbefestigung.

Im Paulikloster ist das Archäologische Landesmuseum untergebracht

Über die Steinstraße gelangt man zum Neustädtischen Markt. Der große rechteckige Platz, der teils von Bürgerhäusern aus dem 18. Jahrhundert gesäumt wird, markiert das Geschäftszentrum der Stadt. Am östlichen Platzende befindet sich der Eingang zu einer Shopping-Mall, westlich beginnt die Hauptstraße, Brandenburgs Einkaufs- und Flaniermeile. An deren Anfang steht, halb verdeckt von anderen Gebäuden, die St. Katharinenkirche, ein Meisterwerk norddeutscher Backsteinbaukunst.

In die Fußgängerzone der Hauptstraße eingebogen, stößt man bald auf den Fritze-Bollmann-Brunnen von 1924. Die Hauptstraße führt, gesäumt von Bürgerhäusern, durch die Neustadt zur Jahrtausendbrücke. Das imposante Brückenbauwerk wurde anlässlich der 1 000-Jahr-Feier der Stadt 1929 erbaut und 1996 erweitert. Es überbrückt die Havel und verbindet die Neustadt mit der Altstadt.

Die Altstadt

Am Humboldthain, auf der anderen Seite der Havel, schiebt sich sogleich das nächste Gotteshaus in den Blick: die Klosterkirche St. Johannis. Sie wurde ab 1250 von Mönchen des Franziskanerordens erbaut und während des Zweiten Weltkriegs schwer beschädigt. Für die BUGA 2015 wurde das sakrale Gebäude zur lichtdurchfluteten Blumenhalle umgebaut. Seither finden dort Veranstaltungen und auch wieder Gottesdienste statt.

Rund um die Klosterkirche findet man drei Mops-Skulpturen – hier hat die Künstlerin Clara Walter ihr „Waldmops-Zentrum" errichtet, zu dem auch eine Infotafel zu Loriots Mops-Philosophie gehört.

Von hier führt ein schöner Fußweg durch die Grünanlagen entlang der Stadtmauer zum Plauer Torturm, dem Rest eines weiteren Stadttores. Wer will, kann dort den Aufstieg zum 67 Meter hohen Marienberg beginnen. Hier sind unter anderem verschiedene Gärten, eine Rosenpergola und ein Weinberg zu besichtigen. Für Kinder wurde eine Drachenspiellandschaft errichtet. Auf dem Hügel steht seit 1974 auch der Aussichtsturm Friedenswarte. Von oben hat man einen weiten Rundblick über die Stadt (geöffnet Mitte April bis Ende Oktober Di–So 10–17 Uhr).

Wenige hundert Meter westlich des Plauer Torturms liegt der Nicolaiplatz mit der Nikolaikirche aus dem 12. Jahrhundert. Am Nicolaiplatz wurden in der Nazizeit unvorstellbare Grausamkeiten begangen: Von Januar bis Oktober 1940 wurden hier 9 000 Menschen aus psychiatrischen Kliniken in einer Gaskammer ermordet. Die Gedenkstätte für die Opfer der Euthanasie-Morde erinnert mit Fotos und Dokumenten an die tausendfachen Verbrechen.

Weiter in den Kern der Altstadt von Brandenburg: Über die Plauer Straße gelangt man zum Altstädtischen Markt. Dort steht das Altstädtische Rathaus, ein herausragendes Beispiel gotischer Backsteinbaukunst. Davor ragt das berühmte Wahrzeichen und Sinnbild städtischer Privilegien in die Höhe: der 5,34 Meter hohe Roland. Der im Jahre

Am Humboldthain ragt die Klosterkirche St. Johannis in den Himmel

1474 von einem unbekannten Meister in Sandstein gehauene „Lange Kerl“ stand ursprünglich auf dem Neustädtischen Marktplatz. Weil er aber angeblich beim Exerzieren im Weg war, wurde er auf Weisung Friedrich Wilhelms I. vor das Neustädtische, nach dessen Zerstörung 1945 vor das Altstädtische Rathaus verfrachtet.

Die Dominsel

Zürück über die Jahrtausendbrücke und links am Packhofgelände vorbei gelangt man über eine weitere Brücke in den Dombezirk. Mittelpunkt des Dombezirks ist der eindrucksvolle Dom St. Peter und Paul. Der Grundstein für den Bau wurde 1165 gelegt. Er ist der älteste erhaltene Backsteinbau und Ausgangspunkt der Geschichte der Stadt Brandenburg an der Havel. Zunächst als einfache kreuzförmige Saalkirche im romanischen Stil errichtet, wurde er in den folgenden Jahrzehnten als romanische Basilika vollendet. Zwischen dem 13. und 15. Jahrhundert wurde das Gotteshaus im gotischen Stil umgebaut.

Von dem schlichten Äußeren des Doms sollte man sich nicht beirren lassen, sein Inneres birgt eine reiche Ausstattung: den Böhmischen Altar aus dem 14. Jahrhundert, die spätgotische Wagner-Orgel aus dem 18. Jahrhundert, das Dommuseum und den Raum der Stille in der Bunten Kapelle mit leuchtenden Malereien aus dem 13. bis 15. Jahrhundert. Über den Mühlendamm kommt man nun wieder auf den Neustädtischen Markt.

★ **Paulikloster – Archäologisches Landesmuseum**
Das Archäologische Landesmuseum Brandenburg im Paulikloster präsentiert etwa 10.000 archäologische Funde aus 130.000 Jahren menschlicher Kulturentwicklung aus dem Land Brandenburg.
Neustädtische Heidestraße 28 | 14776 Brandenburg an der Havel | www.landesmuseum-brandenburg.de | Di–So 10–17 Uhr

Werft Restaurant
Abwechslungsreiche Küche mit regionalen Zutaten im stilvollen Ambiente der ehemaligen Volkswerft. Schöne Terrasse an der Havel.
Hauptstraße 77 | 14776 Brandenburg an der Havel | www.werft-brandenburg.de

Altstädtischer Markt mit dem Altstädtischen Rathaus

5

Immer an der Elbe lang

Wittenberge

Die Elbe war lange die Lebensader von Wittenberge. Heute wendet sich die Stadt erneut dem Fluss zu: Auf den alten Fabrikgeländen am Elbufer eröffnen Kulturzentren und gastronomische Betriebe. Auch für eine Radtour auf dem Elbradweg ins Storchendorf Rühstädt ist die Stadt ein guter Ausgangsort.

Wittenberge 5

Bahnhof Wittenberge

1 Stunde 37 Minuten ab Berlin Hbf

Tagesausflug, Langes Wochenende, Urlaub

Stadtspaziergang, Wanderung oder Radtour an der Elbe

In der Nähe: Bad Wilsnack mit Wunderblutkirche und Kristalltherme

In Wittenberge, der alten Industriestadt in der Prignitz, dreht sich vieles ums Wasser. Der Ausbau des Elbhafens zu Beginn des 19. Jahrhunderts machte die Stadt zu einer wichtigen Station auf dem Weg zwischen Hamburg und Berlin. Bis heute kann man am Hafen viele Speicher bestaunen. Die Industrialisierung und der Handel bescherten Wittenberge besonders im 19. Jahrhundert einigen Wohlstand. Davon zeugen noch heute die Bürgerhäuser im Stadtzentrum. Und auch das Wahrzeichen der Stadt, der riesige Uhrturm des ehemaligen Singer-Nähmaschinenwerks, verweist auf die glorreiche Vergangenheit.

Um vom Bahnhof ins Zentrum von Wittenberge zu gelangen, nimmt man links die Bahnstraße. Diese wird im nahen Stadtzentrum zur (beschaulichen) Einkaufsstraße und teilweise zur Fußgängerzone. Neben etlichen Läden und einigen Gaststätten gibt es hier auch ein Festspielhaus aus DDR-Zeiten. Südlich der Bahnstraße beginnt die Altstadt: Viele schön renovierte Fachwerkhäuser stehen hier, auch ein mittelalterliches Stadttor existiert noch. Im ältesten Gebäude der Stadt, einem 1669 erbauten Fachwerkhaus, ist heute das Stadtmuseum untergebracht. Die Altstadt zieht sich fast bis zum Flussufer. Dort schließen sich noch einige alte Hafen- und Speichergebäude an.

Um auf den Elbradweg Richtung Süden zu gelangen, fährt man wieder ein Stück zurück auf der Bahnstraße und hält sich dann rechts (Wegweiser führen ab dem Stadtkern zum Elbradweg). Auf dem Weg dorthin passiert man die 1856 errichtete Alte Ölmühle. Auf dem weit-

Wittenberge liegt malerisch an der Elbe

läufigen Gelände mit seinen Backsteingebäuden sind heute ein Restaurant, ein Hotel und Veranstaltungsareale zu finden. Am Ufer lädt im Sommerhalbjahr eine Strandbar zum Entspannen ein. Das ganze gründerzeitliche Industriegelände besticht mit seinem Charme zwischen Verfall, neuer Zwischennutzung und anspruchsvoller Gastronomie.

Radtour an der Elbe

Eine Radtour von Wittenberge an der Elbe entlang ist in beide Richtungen reizvoll: Sowohl nach Norden wie auch in südlicher Richtung dehnt sich das Biosphärenreservat Flusslandschaft Elbe-Brandenburg aus: Reste alter Auwaldbestände, weite Überschwemmungsflächen und verlandete Altarme der Elbe prägen die Landschaft.

Elbaufwärts geht es Richtung Storchendorf. Immer den Biegungen des Flusses, oder besser, des gut ausgebauten Elberadwegs folgend, kommt man zügig voran. Der Weg verläuft teils auf, teils neben dem Damm. Idylle hinterm Deich erlebt man in Hinzdorf mit seinen Bauernhäusern, der Kapelle und zwei Gasthäusern. Die weite, flache Landschaft rechts und links des Weges besteht aus Wiesen, Wäldchen, kleinen Alleen und einzelnen Baumreihen.

Nach 15 Kilometern erreicht man das Storchendorf Rühstädt. Storchendorf deshalb, weil in Rühstädt bis zu 40 Storchenpaare nisten. Rühstädt gilt als das storchenreichste Dorf Europas. Auf vielen Schornsteinen kann man Storchennester entdecken. Dass die Weißstörche den Sommer gern in Rühstädt verbringen, liegt nicht nur an der naturbelassenen Landschaft der Elbauen, sondern auch an der Storchenliebe der Rühstädter: die hatten vor 40 Jahren damit begonnen, Nistunterlagen auf ihren Dächern zu bauen.

★ **Alte Ölmühle**
Hotel, Brauhaus-Restaurant, Strandbar, Spa und Veranstaltungsort in einem imposanten backsteinernen Gründerzeit-Industrie-Ensemble. Auch einen Indoorkletterturm und einen Indoor-Tauchturm mit 9 Meter tiefem Becken gibt es.
Bad-Wilsnacker-Str. 52 | 19322 Wittenberge | www.oelmuehle-wittenberge.de

Der Uhrturm der ehemaligen Singer-Nähmaschinenwerke

6

Auf zum kleinen Meer!

Waren (Müritz)

Die Müritz ist der größte Binnensee Deutschlands und Teil der mecklenburgischen Seenplatte. An seinem Nordufer liegt der Luftkurort Waren an der Müritz, eine Perle von Kleinstadt und Zentrum der Region. Von hier aus lassen sich wunderbare Ausflüge in den Müritz-Nationalpark starten – zu Fuß, per Fahrrad, Boot, Schiff oder Nationalparkbus.

Waren (Müritz) 6

Bahnhof Waren (Müritz)

1 Stunde 40 Minuten ab Berlin Hbf

Tagesausflug, Langes Wochenende, Urlaub

Altstadt und Hafen, Wanderung im Nationalpark, Müritzeum, Schiff- und Bootstouren

In der Nähe: Inselstadt Malchow (25 Minuten Zugfahrt)

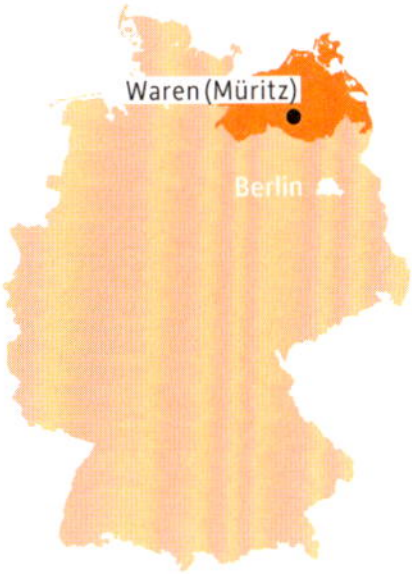

Die über 700 Jahre alte Stadt Waren an der Müritz breitet sich terrassenförmig am Ufer der Müritz aus. Im sehenswerten Stadtkern haben sich viele alte Gebäude erhalten. Auf dem höchsten Hügel der Stadt thront weithin sichtbar die Marienkirche, die ihre Ursprünge im 14. Jahrhundert hat. Sie wurde auf den Resten der Warener Burg errichtet. Ihre heutige Gestalt als Bachsteinkirche erhielt das Gotteshaus erst in den 1790er Jahren. Es lohnt sich den Kirchturm zu besteigen, um die weite Aussicht über die Stadt und die Müritz zu genießen.

Etwas unterhalb der Kirche erstreckt sich der Neue Markt, der von Fachwerkhäusern und vom Neuen Rathaus gesäumt wird. Das Gebäude von 1797 wurde im 19. Jahrhundert im Stil der Tudorgotik umgebaut. In den oberen Etagen dokumentiert das Stadtgeschichtliche Museum, wie das alltägliche Leben an der Müritz früher war.

Am Neuen Markt führt auch die Lange Straße vorbei, die Flaniermeile von Waren. In westlicher Richtung gelangt man auf ihr zum Naturerlebniszentrum Müritzeum. Mit interaktiven Ausstellungen bietet es eine Natur-Erlebnisreise rund um die Müritz. Highlight ist eine große Aquarienlandschaft, in der man unter anderem einen Schwarm Maränen beobachten kann.

Der älteste Teil von Waren liegt rund um den Alten Markt, an dem auch das Alte Rathaus steht. Die Ursprünge des zweigeschossigen Backsteinbaus gehen auf das 14. Jahrhundert zurück. Gleich um die Ecke erhebt sich die trutzige Georgenkirche, deren Anfänge ebenfalls

Der Stadthafen von Waren an der Müritz ist ein Mekka für Freizeitkapitäne

im 14. Jahrhundert liegen. Bei einem Brand 1699 zerstört, wurde die Kirche erst im 19. Jahrhundert im neugotischen Stil wiederaufgebaut. Von hier ist es nicht weit zum modernen und geschäftigen Warener Stadthafen. Dort stechen neben Freizeitkapitänen auch Ausflugsdampfer in See. Die Ausflugsschiffe steuern verschiedene Stationen rund um die Müritz an.

Die Slawen nannten die Müritz „Morcze", kleines Meer. Mit stattlichen 112 Quadratkilometern ist die Müritz das größte Gewässer der Mecklenburgischen Seenplatte. An ihrem Ostufer beginnt gleich hinter der Warener Stadtgrenze der Nationalpark Müritz. Der Park gilt mit seiner geschützten urwüchsigen Natur als eines der bedeutendsten Vogelschutzgebiete Europas.

Wanderung oder Radtour in den Müritz-Nationalpark

Los geht es gleich hinter der Ortsgrenze von Waren. Der Straße Am Seeufer und den Wegweisern folgend, erreicht man bald den Müritz-Nationalpark. Je nach Lust und Kondition kann man durch herrlichen Mischwald bis zu einem der Nationalparkdörfer wandern oder sich in Ufernähe der Müritz halten. Über den Rückweg braucht man sich im Sommerhalbjahr keine Sorgen zu machen: Von den Nationalparkdörfern fährt zwischen dem 1. April und dem 31. Oktober stündlich ein Bus zurück nach Waren. Und wer die 23 Kilometer bis zum Bolter Kanal schafft, kann auch per Schiff über die Müritz zurück nach Waren schippern.

★ **Müritzeum**
Spektakuläres Naturerlebniszentrum mit Großaquarien, einer interaktiven Ausstellung mit spannenden Infos zur Flora und Fauna rund um die Müritz. Im Außenbereich führt ein Naturlehrpfad um den Herrensee.
Zur Steinmole 1 | 17192 Waren | www.mueritzeum.de

Restaurant Altes Reusenhus
Uriges Fischrestaurant mit eigener Räucherei in der Altstadt und typischen Gerichten der Mecklenburger Seenplatte, die frisch zubereitet werden. Im Sommer sitzt man im lauschigen Innenhof.
Schulstraße 7 | 17192Waren | www.reusenhus.de

Gleich hinter der Stadtgrenze von Waren beginnt der Müritz-Nationalpark

Nationalparkstadt
Waren (Müritz)
Information
Nationalpark-Ticket
Parkplatz
Fahrradverleih
www.nationalpark-mueritz.de

7

Zwischen Pfaffenteich und Märchenschloss

Schwerin

Die Hauptstadt des Landes Mecklenburg-Vorpommern ist ein liebenswerter Ort mit beeindruckenden Sehenswürdigkeiten. Schwerin ist von Seen umrahmt, und das prächtigste Gebäude der Stadt steht malerisch auf einer Insel.

Schwerin Hbf

2 Stunden 37 Minuten ab Berlin Hbf

Tagesausflug, Langes Wochenende, Urlaub

Schloss, Altstadt, Museen, Gärten und Parks

In der Nähe: Wismar (31 Minuten Bahnfahrt)

Wer das erste Mal in Schwerin ist und von der Altstadt auf die Schlossinsel blickt, kann es kaum fassen: Da erhebt sich ein riesiges märchenhaftes Gebäude mit unzähligen Türmchen, funkelnden Zinnen und goldenen Kuppeln, das aus einem Fantasy-Film entsprungen zu sein scheint. Bei Sonnenschein leuchtet es golden und spiegelt sich im Schweriner See. Doch das Schweriner Schloss ist keine Einbildung und auch keine Filmfassade. Im Innern tagt der Landtag von Mecklenburg-Vorpommern, haben Abgeordnete ihre Büros. Und ein Schlossmuseum lädt zum Besuch. Seine jetzige Gestalt erhielt der 625-Zimmer-Bau Mitte des 19. Jahrhunderts. Damals waren gerade französische Renaissance-Schlösser in Mode. Also wurde das Gebäude geradezu verschwenderisch verziert und vergoldet. Von der ursprünglichen slawischen Inselfestung, die hier im 10. Jahrhundert stand, ist nichts mehr erhalten.

Die Schlossinsel ist über zwei Brücken mit dem Festland verbunden, von der Altstadt und vom Schlossgarten. Letzterer ist ein prachtvoller Barockgarten, der dem Schloss in puncto Repräsentation in nichts nachsteht. Die symmetrische Anlage mit Alleen, Lauben, Skulpturen und einen kreuzförmigen Kanal bekam im 19. Jahrhundert vom berühmten Gartenbauarchitekten Lenné ihren letzten Schliff.

Bevor man vom Schweriner Hauptbahnhof zu Fuß zur Schlossinsel gelangt, durchquert man erst einmal die schöne Altstadt und merkt schnell: Schwerin ist eine Wasserstadt. Vorbei am Pfaffen-

Das Schloss beherbergt auch den Landtag von Mecklenburg-Vorpommern

teich, der durch einen Deich vom Ziegelinnensee getrennt ist und wie eine Mini-Ausgabe der Hamburger Binnenalster aussieht, gelangt man in das Gassengewirr. Originelle Läden, Cafés und Restaurants laden zum Bummeln ein. Am Marktplatz mit seinen schön restaurierten Gebäuden aus verschiedenen Jahrhunderten fällt besonders das Altstädtische Rathaus auf, dessen Fassade an ein Tudorschloss erinnert. Heute ist hier ganz profan und praktisch die Touristinformation untergebracht. Von dort aus gesehen in Zweiter Reihe ragt hinter Häuserfassaden der mächtige Dom St. Marien und St. Johannis auf. Seine Entstehung reicht bis ins Jahr 1171 zurück, Teile des ersten Baus sind noch erhalten. Die heutige große Backsteinkathedrale wurde im gotischen Stil errichtet. Das Innere birgt mittelalterliche Schätze wie das Taufbecken aus dem 14. Jahrhundert. Im Dom führen 220 Stufen zur Besucherplattform des Kirchturms. Dieser wurde erst 1893 fertiggestellt. Von oben bietet sich ein atemberaubender Blick über Stadt, Schloss und Seen.

Ruhiger als in der geschäftigen Altstadt geht es in der gleich nördlich davon gelegenen Schelfstadt zu. Rund um die Schelfkirche, die eigentlich St. Nikolai heißt und im frühen 18. Jahrhundert gebaut wurde, prägen niedrige Fachwerkhäuser das Bild.

★ **Schlossmuseum Schwerin**
Im Schlossmuseum dürfen Besucherinnen und Besucher durch die großherzoglichen Gemächer wandeln und die typische Atmosphäre des 19. Jahrhunderts auf sich wirken lassen. Auf drei Etagen werden kostbare Gemälde, Skulpturen und Kunsthandwerk-Möbel präsentiert.
Lennéstraße 1 | 19053 Schwerin | www.schwerin.de

Restaurant-Café Prag
In dem prächtigen historischen Stadthaus mit großen Fenstern und hohen Decken wird traditionelle Caféhauskultur zelebriert. Neben wunderbaren Torten und Kuchen gibt es auch eine Karte mit warmen Speisen.
Schloßstraße 17 | 19053 Schwerin | www.restaurant-cafe-prag.de

Hinter dem Marktplatz ragt der mächtige Dom empor

8

Bauhaus und Gartenreich

Dessau

Wer nur einen Tag nach Dessau reist, muss sich wohl entscheiden: entweder die Attraktionen der Bauhausstadt erkunden oder eine Tour ins Wörlitzer Gartenreich unternehmen. Beide sind UNESCO-Weltkulturerbestätten. Also vielleicht doch lieber eine Übernachtung einplanen?!

Dessau Hbf

1 Stunde 39 Minuten ab Berlin Hbf

Tagesausflug, Langes Wochenende, Urlaub

Park- oder Stadtspaziergang, Muesumsbesuch, Wanderung

In der Nähe: Eine wunderbare Radtour führt entlang der Elbe nach Lutherstadt Wittenberg

Obwohl die Architekten und Künstler des Bauhauses nur knapp sieben Jahre in Dessau wirken konnten, haben sie die Stadt an der Elbe nachhaltig geprägt. In Dessau kann man bis heute dem Aufbruch der Moderne in Kunst und Design in den 1920er-Jahren nachspüren.

Die legendäre Kunstschule war 1919 in Weimar vom Architekten Walter Gropius gegründet worden. Am Bauhaus wurde mit überkommenen Gestaltungstraditionen gebrochen. Die Funktion der Dinge sollte ihre Form bestimmen. Am Bauhaus sammelten sich fortschrittliche, experimentierfreudige Künstler, Designer und Studierende. 1925 musste sich die Weimarer Bauhausschule aber eine neue Bleibe suchen, denn die politischen Verhältnisse in Thüringen hatten sich zugunsten der Rechten verändert und die Zuschüsse wurden gekürzt.

Schon 1926 konnte das neue, von Walter Gropius entworfene Bauhausgebäude in Dessau eröffnen, mit seiner transparenten Fassade bis heute eine Ikone der Architektur. Gleich in der Nähe entstanden die Meisterhäuser, kubische Wohn- und Ateliergebäude für Bauhauslehrkräfte wie Oskar Schlemmer oder Lyonel Feininger. Mit dem Erstarken der Nazibewegung wurde das Bauhaus 1932 auch aus Dessau vertrieben. Ein Jahr konnten die Bauhauskünstler noch in Berlin wirken, bevor sie nach der Machtergreifung Hitlers in alle Welt emigrieren mussten.

Vom Dessauer Hauptbahnhof ist es nur ein Katzensprung zum legendären Bauhausgebäude auf dem Campus der Elbestadt. Das

Der berühmte Schriftzug am Bauhausgebäude in Dessau

kastenförmige Gebäude mit dem berühmten vertikalen Schriftzug ist heute ein Museum mit Führungen und Übernachtungsmöglichkeiten in rekonstruierten Studentenzimmern. Auch die nahe gelegenen Meisterhäuser in der Friedrich-Ebert-Allee 69/71 können besichtigt werden. Noch tiefer einsteigen in die Designwelt des Bauhauses kann man im 2019 eröffneten Bauhausmuseum. Es beherbergt die zweitgrößte Sammlung an Bauhausexponaten.

Gartenreich Dessau-Wörlitz

Eine ganz andere Ästhetik erlebt man im Gartenreich Dessau-Wörlitz. Die bedeutende Kulturlandschaft, die sich entlang der Elbe ausbreitet, besteht aus mehreren Schlössern, Landschaftsparks und zahlreichen architektonischen Schmuckstücken. Herzstück ist der Wörlitzer Park mit Schloss Wörlitz. Dorthin gelangt man von Dessau im Sommerhalbjahr alle zwei Stunden mit der Dessau-Wörlitzer Eisenbahn, im Winterhalbjahr mit dem Bus. Auch eine schöne Fahrradroute führt von Dessau ins Gartenreich.

Der Wörlitzer Park wurde im 18. Jahrhundert als englischer Landschaftspark angelegt. Zur Erbauung der Besucher wurden allerlei Attraktionen errichtet, wie geheimnisvolle Grotten, antike Tempel, Brücken und Kanäle. Landschaften aus fernen Ländern wurden nachgebaut, so die Insel Stein, die mit ihren Grotten, einem Vulkan und der farbenfrohen Villa Hamilton der Gegend rund um Neapel nachempfunden ist. Als Meisterwerk und erster rein klassizistischer Schlossbau auf dem europäischen Kontinent gilt Schloss Wörlitz.

★ **Bauhausmuseum**
Das Museum beeindruckt mit seiner transparenten Architektur. Im Innern hält es fast 50 000 Exponate zum Bauhausdesign bereit.
Mies-van-der-Rohe-Platz 1 | 06844 Dessau-Roßlau |
www.bauhaus-dessau.de

Kornhaus
Ausflugsgaststätte auf dem Elbdeich, entworfen vom Architekten Carl Fieger. Serviert wird Regionales vom nahen Forellenhof.
Kornhausstraße 146 | 06846 Dessau-Roßlau |
www.kornhaus-dessau.de

Der Wörlitzer Park ist ein wunderschön verspielter Landschaftspark

9

Alles echt

Görlitz

Görlitz, die östlichste Stadt Deutschlands, ist etwas ganz Besonderes. Im Zweiten Weltkrieg nicht bombardiert und der Abrisswut in der DDR knapp entkommen, kann man heute eine vollständig erhaltene Altstadt erleben. Prachtvolle Bauten aus mehreren Jahrhunderten stehen hier an fast jeder Ecke.

Görlitz Hbf

2 Stunden 50 Minuten ab Berlin Hbf (einmal umsteigen)

Tagesausflug, Langes Wochenende, Urlaub

Altstadt, Neustadt, Heiliges Grab

In der Nähe: Zittau und Zittauer Berge (35 Minuten Zugfahrt)

Nein, diese Stadt ist keine Filmkulisse. Auch wenn immer wieder Film-Teams aus aller Welt in den Straßen von Görlitz drehen: Hier ist alles echt. Die Gäste im Ratskeller am Obermarkt sind keine Komparsen, in der historischen Fleischerei mit den dekorativen Jugendstil-Wandfliesen wird immer noch Fleisch und Wurst verkauft. Und in den renovierten Renaissance- und Barockgebäuden leben ebenso Menschen wie in den Gründerzeit-Mietshäusern. Nur das Jugendstilkaufhaus am Marienplatz harrt noch einer neuen Bestimmung. Schon bei der Ankunft beeindruckt das Bahnhofsgebäude im Jugendstil. Von dort zieht sich die Bahnhofstraße durch das Gründerzeitviertel zur Altstadt, dem Juwel von Görlitz. Gotische Kirchen, mittelalterliche Hallenhäuser und trutzige Torhäuser – in den Gassen von Görlitz scheint Geschichte greifbar.

Wo soll man zuerst hinschauen? Am unten trutzig-kantigen, oben rund-eleganten Reichenbacher Turm geht es über den Obermarkt in die Altstadt. Vorbei an der weißen Dreifaltigkeitskirche und am Georgsbrunnen taucht man ein in die Brüderstraße. Hier beginnt eine andere, sich scheinbar langsamer drehende Welt. Links passiert man bald das Alte Rathaus, schräg gegenüber liegt der Schönhof, das berühmteste der zahlreichen Hallenhäuser in Görlitz, heute Sitz des sehenswerten Schlesischen-Museums.

Und schon steht man am Untermarkt, der eigentlich aus zwei Plätzen besteht, einer schöner und interessanter als der andere. Blickt man

Der Marienplatz mit dem Runden Turm ist ein weitläufiger Stadtplatz

hier rückwärts und am Alten Rathaus nach oben, staunt man über die prachtvolle astronomische Uhr von 1584. Der Untermarkt wird geteilt durch eine Häusergruppe, genannt die „Zeile“, ursprünglich ein Markthaus, davor steht der Neptunbrunnen von 1756. Entstanden ist der Untermarkt schon um 1220. Damals kreuzten sich hier zwei alte Handelsstraßen: die via regia, die von Kiew bis ins nordspanische Santiago de Compostela führte und die Bernsteinstraße von der Ostsee nach Böhmen. Lebhaft kann man sich vorstellen, wie auf dem Platz und in den seitlichen Laubengängen um Preise gefeilscht wurde.

Auf der nördlichen Seite des Untermarkts sticht an der Stirnseite das reich verzierte Neue Rathaus ins Auge, das 1903 im Stil der Neorenaissance errichtet wurde. Nicht verpassen sollte man den Flüsterbogen an Haus Nummer 22. Das spätgotische Portal von 1500 hat eine akustische Eigenart: Wenn man an einem Ende in den Bogen flüstert, versteht man die Botschaft am anderen Ende dank der umlaufenden Kehle klar und deutlich.

Doch es wird noch schöner: Die Neißstraße, die vom Untermarkt hinunter zum Neißeufer führt, wird gesäumt von üppigen, farbenfrohen Barockgebäuden. In einigen von ihnen befanden sich mehrstöckige historische Brauhäuser, die teils heute wieder zur Einkehr einladen. Unten am Ufer angekommen lockt ein Abstecher über die (Fußgänger-)Stadtbrücke ins heute polnische Zgorzelec, nahe der Promenade an der Neiße, wo einige Restaurants warten.

Zurück in der Görlitzer Altstadt gilt es ein weiteres Highlight zu besichtigen: Die Peterskirche, die unübersehbar auf einem Hügel über der Neiße thront. Sie ist die älteste Hallenkirche Sachsens, in ihrem Innern befinden sich bedeutende Kircheschätze wie die berühmte Sonnenorgel von 1703. Letzterer kann man an Sonn- und Feiertagen immer um 12 Uhr lauschen.

Wer mehr Zeit hat, sollte durch die stillen Gassen der sich nördlich anschließenden Nikolaivorstadt schlendern, wo auch der verwunschene Nikolaifriedhof liegt. Von hier ist es nicht mehr weit zu einem weiteren Highlight, dem Heiligen Grab, einer Kopie der mittelalterlichen Grabstätte Jesu in Jerusalem. Die Anlage, die heute in einem Landschaftspark steht, wurde um 1500 erbaut und ist mit weiteren religiösen Gebäuden, dem Ölberg und dem Kidromtal ein beeindruckendes Gesamtkunstwerk.

Schlesisches Museum
Im prächtigsten Görlitzer Hallenhaus werden die Traditionen Schlesiens als gemeinsames Erbe von Deutschen, Polen und Tschechen vorgestellt.
Brüderstraße 8 | 02826 Görlitz | www.schlesisches-museum.de

Patrizierhaus St. Jonathan
Feine internationale Küche zu moderaten Preisen in einem herrschaftlichen Altstadthaus, in dem auch schon etliche Filmstars gespeist haben. Reservierung empfohlen.
Peterstraße 16 | 02826 Görlitz | Tel. (03 58 1) 42 10 82

Am Untermarkt thront das Neue Rathaus

10

Trip in die Kulturhauptstadt Europas

Chemnitz

Chemnitz hat keine geschlossene historische Altstadt und keine mittelalterlichen Plätze. Trotzdem gibt es viel zu entdecken. Die Kulturhauptstadt Europas 2025 lädt unter dem Motto „C the Unseen“ dazu ein, bisher ungesehene Orte zu erleben. Dabei lohnt schon das Offensichtliche den Besuch.

- Bahnhof Chemnitz
- 3 Stunden 18 Minuten ab Berlin Hbf (einmal umsteigen)
- Tagesausflug, Langes Wochenende, Urlaub
- Stadtspaziergang, Kulturhauptstadt Europas
- Erzgebirge (Annaberg Buchholz: 1 Stunde 7 Minuten Zugfahrt, Aue: 1 Stunde 24 Minuten)

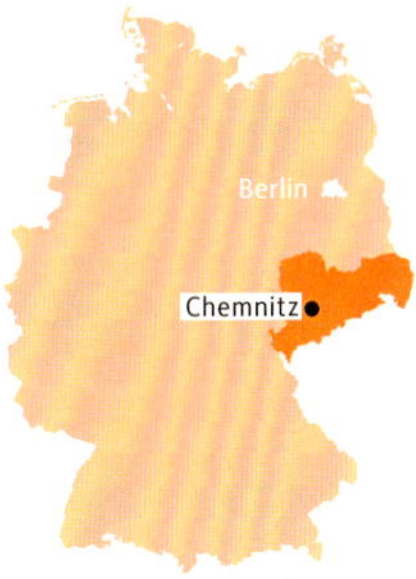

Die drittgrößte Stadt Sachsens beeindruckt mit Kunst, Kultur und Architektur. Hier findet man prächtige Jugendstilbauten neben DDR-Moderne, neues Leben in alten Fabrikhallen, Museen in ehemaligen Kaufhäusern und dazu eine reizvolle Umgebung. Und ja, es haben sich auch einige Baudenkmale aus früheren Jahrhunderten erhalten. Herausragend sind die Kunstsammlungen, die Oper, das Gründerzeitviertel Kaßberg und die von namhaften Architekten neugestaltete Chemnitzer Innenstadt.

Unweit des Bahnhofs dehnt sich der prächtige Theaterplatz mit seinen Gebäuden aus dem 19. Jahrhundert und frühem 20. Jahrhundert aus, mit Opernhaus, St. Petrikirche und dem König-Albert-Museum. In letzterem werden städtische Kunstsammlungen gezeigt, darunter Werke von Caspar David Friedrich und Albrecht Dürer. Am Abend ist der Theaterplatz stimmungsvoll erleuchtet.

Vom Theaterplatz führt die Straße der Nationen Richtung Zentrum. Mit Ihren Gebäuden aus den 1950er und 1960er Jahren ist sie fast eine Art Freilichtmuseum der DDR-Moderne. An der Kreuzung mit der Brückenstraße lohnt der Blick nach rechts auf das heimliche Chemnitzer Wahrzeichen: die berühmte Karl-Marx-Büste. Sieben Meter ragt das Monument empor. Das 40 Tonnen schwere Bronze-Denkmal wurde 1971 feierlich enthüllt, damals trug die Stadt noch den Namen des Philosophen. Gefertigt wurde es aus mehreren Einzelteilen in einer Gießerei in Russland, das Granit für den Sockel stammt aus der Ukraine.

Blick auf den Chemnitzer Marktplatz

Biegt man links in die Brückenstraße ein, steht man bald vor dem SMAC: Das hochkarätige Staatliche Museum für Archäologie Chemnitz residiert im ehemaligen Kaufhaus Schocken, einem beeindruckenden Konsumtempel aus den 1920er Jahren. In dem Museum wird insbesondere das Alltagsleben in den verschiedenen zivilisatorischen Epochen dargestellt.

Nicht weit davon entfernt erhebt sich in der Bahnhofstraße ein weiterer ehemaliger Kaufhausbau, der kulturell genutzt wird: Das TIETZ, dessen Gebäude 1913 errichtet wurde und in dem unter anderem das Museum für Naturkunde beheimatet ist.

Zurück auf der Straße der Nationen ist bald der Rote Turm und damit das neue Zentrum von Chemnitz erreicht. Hinter dem Turm, der einst Teil der Stadtbefestigung war, liegt die gleichnamige Shopping-Mall. Gleich dahinter stößt man auf den Markt. Hier stehen gleich zwei Rathausgebäude. Ende des 15. Jahrhunderts entstand zunächst das Alte Rathaus – bis heute Sitz des Oberbürgermeisters. Gleich daneben schließt sich das Neue Rathaus von 1911 an. Eingebettet in das Ensemble ist der Hohe Turm, der seinen Ursprung im 12. Jahrhundert hat.

Vom Markt sind es nur ein paar Minuten zu Fuß in den westlich gelegenen Stadtteil Kaßberg. Der Kaßberg ist eines der größten zusammenhängenden Jugendstil- und Gründerzeitviertel Europas. Hier finden sich noble Villen und liebevoll dekorierte Fassaden. Und auch kaum Sichtbares, das sich zu entdecken lohnt: Unter dem Kaßberg befindet sich ein weitverzweigtes unterirdisches Netz aus Gewölbegängen, die früher zur Lagerung von Bier, Wein und Lebensmitteln dienten. Unweit der historischen Markthalle führt eine kleine Tür in das spannende unterirdische Reich.

Museum Gunzenhauser

Eines der bedeutendsten Kunstmuseen mit Fokus auf die Moderne der 1920er-Jahre. Kunst der Jahrhundertwende, des Expressionismus und der Neuen Sachlichkeit sowie ausgewählte Werke der Nachkriegsmoderne werden dauerhaft präsentiert. Darunter eine der weltweit umfangreichsten Sammlungen von Arbeiten von Otto Dix.
Falkeplatz/Stollberger Str. 2 | 09112 Chemnitz | www.kunstsammlungen-chemnitz.de

Janssen

Café-Bistro-Restaurant am Ufer der Chemnitz im Gebäude einer ehemaligen Strumpfwirkerei. Nah an der Innenstadt kann man hier Latte Macchiato genießen, eine Kleinigkeit essen oder sich mehrgängige Menüs zusammenstellen. Saisonal variierende Speisekarte mit euro-asiatischer Küche. Von hier lohnt ein Spaziergang zum nahen Schlossteich und Schlossberg.
Schloßstraße 12 | 09111 Chemnitz | www.janssen-restaurant.de

Die Karl-Marx-Büste steht überlebensgroß in der Brückenstraße

Meerluft schnuppern

Von Berlin an die Ostsee ist es, bahntechnisch gesehen, nur ein Katzensprung. Ob Usedom, Rügen oder die Mecklenburgische Küste: Nach drei bis vier Stunden Bahnreise kann man schon an den schönsten Ostseestränden liegen.

Sonnenaufgang über der Seebrücke im Ostseebad Ahlbeck auf Usedom

11

Alte Hansestadt an der Wismarbucht

Wismar

Wismar, malerisch an der gleichnamigen Ostseebucht gelegen, hat einen der am besten erhaltenen mittelalterlichen Stadtkerne Deutschlands. Dabei ist Wismar alles andere als ein Museum. Zahlreiche kleine Läden, originelle Cafés und vielfältige kulturelle Angebote sorgen für eine lebendige Atmosphäre in der Stadt.

Bahnhof Wismar

3 Stunden 17 Minuten ab Berlin Hbf

Tagesausflug, Langes Wochenende, Urlaub

Stadtspaziergang, Wanderung, Schiffstour, Hafen, Altstadt

In der Nähe: Insel Poel (40 Minuten Busfahrt) oder Ostseebad Boltenhagen (44 Minuten Busfahrt)

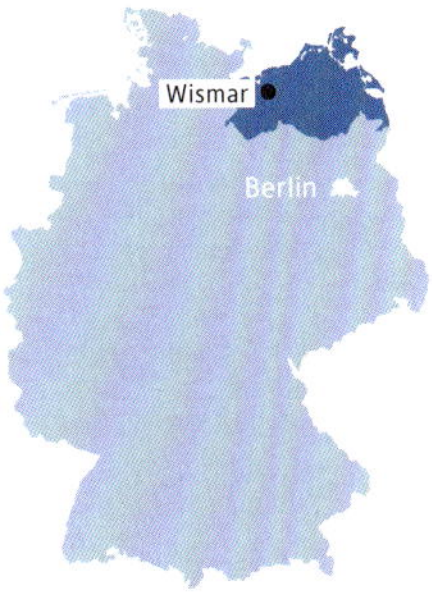

Zur Zeit der Hanse wurde Wismar ab dem 13. Jahrhundert eine wohlhabende Kaufmannsmetropole. Vom bedeutenden Hafen trieb man Handel mit der ganzen Welt. Damals entstand die prächtige Altstadt mit ihren großzügigen Bürgerhäusern und mächtigen Kirchenbauten.

Vom Wismarer Bahnhof ist es nur ein Katzensprung zum historischen Zentrum. Schon beim Gang durch die Straße Mühlengrube ist man vom Charme der Stadt verzückt. Auf grobem Kopfsteinpflaster geht es vorbei an teils bunten niedrigen Häusern, manche mit blumenverzierten Fenstern. Bald ragt rechter Hand die Nikolaikirche auf, die einst das Gotteshaus für Seefahrer und Fischer war. Im 14. und 15. Jahrhundert erbaut, ist sie mit ihrem 37 Meter hohen Mittelschiff eine der höchsten Kirchen Deutschlands.

Wo die Mühlengrube in die Frische Grube übergeht, steht an der Ecke das Schabbellhaus. Das Gebäude mit dem auffälligen viergeschossigen Treppengiebel wurde 1571 für den Bierbrauer und späteren Bürgermeister der Stadt, Hinrich Schabbell, als Wohn- und Geschäftshaus im Stil der Frührenaissance errichtet. Heute ist hier das sehenswerte Stadtgeschichtliche Museum untergebracht.

Biegt man links in die Bohrstraße, die bis zur Krämerstraße verläuft, kommt man direkt zum Marktplatz. Vorher passiert man noch an der Ecke zur Lübschen Straße das Stammhaus von Karstadt. Der Jugendstilbau war das erste Kaufhaus des Warenhausgründers Rudolph Karstadt. Die Krämerstraße ist auch sonst ein Schmuckstück:

Das Gewölbe über der Frischen Grube ist eines der schönsten Gebäude Wismars

Schmale Giebelhäuser reihen sich hier perlenkettenartig aneinander. Nach wenigen Schritten ist der riesige Marktplatz erreicht. Dominiert wird der Platz vom klassizistischen weißen Bau des Wismarer Rathauses. Auf der gegenüberliegenden Seite sticht die Fassade des ältesten Bürgerhauses der Stadt ins Auge: Der Alte Schwede mit seiner roten Backsteinfassade wurde 1380 erbaut. Seit 1878 gibt es hier eine Gastwirtschaft. Die Bezeichnung erinnert an die Zeit der schwedischen Besatzung Wismars von 1648 bis 1803.

Nicht weit davon entfernt fällt direkt auf dem Marktplatz die Wasserkunst auf, ein pavillonartiges, freistehendes Gebäude und Wahrzeichen von Wismar. Das 1602 erbaute verspielte Brunnenhäuschen diente bis 1897 zur Trinkwasserversorgung der Stadt. Spruchbänder in lateinischer und deutscher Sprache berichten von der Trinkwasserversorgung in früheren Zeiten. Über die Sargmacherstraße gelangt man zur Marienkirche, beziehungsweise zu dem, was von ihr noch übrig ist. Das Gotteshaus wurde im Zweiten Weltkrieg stark beschädigt, nur der 80 Meter hohe Turm ist noch erhalten.

Eine weitere monumentale Backsteinkirche steht ein Karree weiter. Die Georgenkirche ist die größte Stadtkirche. Der 36 Meter hohe Turm kann besichtigt werden, von oben bietet sich eine herrliche Aussicht auf die Stadt. Von der Georgenkirche sind es nur rund 800 Meter zum Alten Hafen. Dort liegen Fischer- und Sportboote und die Poeler Kogge, ein Nachbau einer hanseatischen Kogge aus dem 14. Jahrhundert, vor Anker. An einer Promenade mit historischen Speichergebäuden lässt sich schön einkehren und dem bunten Treiben im Hafen zuschauen

★ **Baumhaus Wismar**
Die Ausstellung im historischen Baumhaus an der Hafeneinfahrt gibt Einblicke in die Hansezeit und die Schiffsbautradition in Wismar.
Am Alten Hafen | 23966 Wismar | www.wismar.de

Café Glücklich
Liebevoll eingerichtetes Café mit himmlischen Kuchen und Torten.
Schweinsbrücke 7 | 23966 Wismar

Das prächtige Mittelschiff der Nikolaikirche ist 37 Meter hoch

12

Mit dem Molli in die Weiße Stadt

Bad Doberan und Heiligendamm

Schon Bad Doberan selbst hat einiges zu bieten: das prächtige Münster und eine lebendige Altstadt mit Baudenkmalen der Bäderzeit. Doch die bekannteste Attraktion der Stadt ist ihr Vorort Heiligendamm, die weiße Stadt am Meer.

12 Bad Doberan und Heiligendamm

Bahnhof Bad Doberan

3 Stunden 40 Minuten ab Berlin Hbf (einmal umsteigen)

Tagesausflug, Langes Wochenende, Urlaub

Stadtspaziergang, Dampflokfahrt, am Strand liegen, schwimmen

Ostseebad Kühlungsborn

Verbunden sind Bad Doberan und Heiligendamm durch eine weitere Attraktion: die Schmalspurbahn Molli, die seit 1886 in Betrieb ist. Damals war Doberan ein Residenz- und Vergnügungsort der feinen Gesellschaft. Um die Herrschaften bequem ins sechs Kilometer entfernte erste deutsche Seebad zu bringen, baute man die Bahn.

Der Anstoß für den Aufschwung Doberans kam vom mecklenburgischen Herzog Friedrich Franz. Er hatte Doberan zu seiner Sommerresidenz erkoren, ließ Palais, Logierhäuser und das Kasino bauen. Bis heute prägen die stattlichen Gebäude das Zentrum von Bad Doberan. Davor war Doberan bis Ende des 18. Jahrhunderts nur ein ärmliches Dorf im Schatten des mächtigen Münsters. Mit dem monumentalen Kirchenbau hatten Zisterziensermönche schon im 14. Jahrhundert ihr dortiges Kloster gekrönt.

Lebendig ist die alte Residenzstadt noch rund um den Kamp, die dreieckige, von Linden umstandene Parkanlage. An der östlichen Seite wird der Park von weißen Prachtbauten gesäumt, im Park selbst ziehen zwei verspielte Pavillons im chinesischen Stil die Blicke auf sich. Vom Kamp ist es nur ein Katzensprung zum weitläufigen Klosterpark und zum Münster.

Am quirligsten aber ist Bad Doberan in der Altstadt westlich vom Kamp. Zwischen Alexandrinenplatz und der Ecke zum Marktplatz zuckelt der Molli jede Stunde zweimal laut bimmelnd durch die enge, von Cafés und Läden gesäumte Mollistraße. Dann stehen Touristen

Blick von der Seebrücke auf das Grand-Hotel in Heiligendamm

staunend am Straßenrand und schauen fasziniert dem fauchenden Ungetüm mit den historischen Eisenbahnwagen nach.

Für die Strecke hinaus nach Heiligendamm braucht die Dampfeisenbahn keine 20 Minuten. Wer dort aussteigt – der Molli fährt noch weiter ins große Seebad Kühlungsborn – ist im ältesten Seebad Deutschlands angekommen. Berühmt wurde Heiligendamm, als sich dort im Jahr 2007 beim G8-Gipfel die mächtigsten Politiker der Welt trafen. Allerdings darf man sich Heiligendamm nicht allzu groß vorstellen. Pompös ist nur das Grand Hotel Heiligendamm, in dem sich damals die Mächtigen der Welt trafen. Um zum Strand zu gelangen, durchquert man vom Molli-Bahnhof erst einmal den Kurpark und gelangt so zur Promenade, hinter der sich der breite Sandstrand ausbreitet. Am Ende der Promenade kann man aus einiger Entfernung die strahlend weiße Hotelanlage samt Kurhaus und Nebengebäuden bewundern. Links vom Hotelgelände reiht sich die „Perlenkette" auf: sieben weiße Villen, die, soweit sie schon restauriert sind, sündhaft teure Ferienwohnungen beherbergen.

Herrlich ist von hier eine Strandwanderung Richtung Osten: Am teils sandigen, teils steinigen Strand mit Steilküste spaziert man ins acht Kilometer entfernte Seebad Kühlungsborn. Zwischendurch warten schöne, wenig frequentierte, naturbelassene Strandabschnitte.

★ **Münster**
Die im 13. Jahrhundert erbaute hochgotische Kirche des ehemaligen Zisterzienserklosters beeindruckt durch ihre Größe und reiche mittelalterliche Ausstattung. Sehenswert ist auch der schöne Klosterpark, in dem weitere historische Gebäude stehen.
Klosterstr. 2 | 18209 Bad Doberan | Tel. (03 82 03) 6 27 16 | www.muenster-doberan.de

Weißer Pavillon
Hier werden schmackhafte Gerichte aus regionalen Zutaten serviert.
Auf dem Kamp 1 | 18209 Bad Doberan |
Tel. (03 82 03) 6 23 26

Die Schmalspurbahn Molli dampft zweimal pro Stunde durch Bad Doberan

CYCLINGWERKS
99 2324-4

13

Ost oder West?

Kühlungsborn

Das größte Seebad Mecklenburgs ist auch eines der schönsten: ein traumhafter Sandstrand, Bäderarchitektur vom Feinsten, ein moderner Bootshafen, und ein ganzer Stadtwald mittendrin.

Bahnhof Kühlungsborn Ost

4 Stunden 25 Minuten ab Berlin Hbf (dreimal umsteigen, mit Schmalspurbahn Molli)

Langes Wochenende, Urlaub

Ostseeluft genießen, Stadtspaziergang, wandern

Bad Doberan mit Ostseebad Heiligendamm

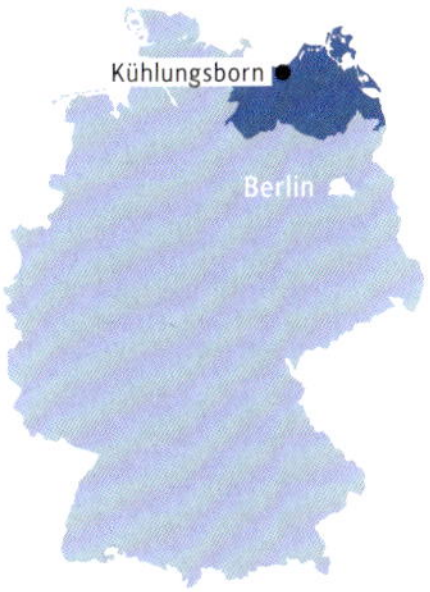

Wer nach Kühlungsborn fährt, kann schon bei der Anreise auf Entschleunigung schalten – jedenfalls wenn die Bahn das Verkehrsmittel der Wahl ist. Denn dann legt man den letzten Teil der Anreise mit der über 100 Jahre alten Dampfeisenbahn Molli zurück. Die zuckelt mit Durchschnittstempo 40 vom Bahnhof Bad Doberan nach Kühlungsborn.

Kurz vor Kühlungsborn sieht man links in der Ferne einen Höhenzug – die Kühlung, eine Hügelkette, von der Kühlungsborn seinen Namen bekam. Das größte Seebad Mecklenburgs besteht aus zwei Ortsteilen: Kühlungsborn Ost und Kühlungsborn West. Zwischen beiden Teilen breitet sich der Stadtwald wie eine große grüne Oase aus. Kühlungsborn Ost ist der größere Ortsteil, hier liegen die Haupteinkaufsmeile Strandstraße, die 240 Meter lange Seebrücke, die Meerwasserschwimmhalle Kübomare und der quirlige Bootshafen. Kühlungsborn West wirkt etwas beschaulicher, statt Seebrücke gibt es einen großen Promenadenplatz, eine kleine Kunsthalle und ein Kino.

Verbunden sind beide Teile durch die 2,5 Kilometer lange Ostseeallee, die Prachtstraße von Kühlungsborn, an der sich historische Bädervillen aneinanderreihen wie Perlen an einer Kette. An der Ostseeallee wird denn auch gern flaniert, ebenso wie an der langen Strandpromenade, die parallel zur Ostseeallee und noch weiter bis zum Bootshafen führt. Letzterer ist besonders im Sommer ein Zentrum des abendlichen Treibens: Auf der Tribüne vor dem Restaurant

In Kühlungsborn pflegt man die historische Seebadtradition

Vielmeer sitzt man, schaut aufs Meer und kann oft abendlichen Konzerten lauschen.

Den Namen Kühlungsborn trägt das Seebad erst seit 1938. Damals schlossen sich die Orte Ahrendsee (heute Kühlungsborn West) und Brunshaupten (heute Kühlungsborn Ost) zusammen. Darum gibt es vieles zweimal in Kühlungsborn: zwei Filialen der örtlichen Buchhandlung, zwei Edekas, zwei Ableger der Bäckereiketten und so weiter.

Was man nicht verpassen sollte in Kübo-West: einen Blick auf die Villa Baltic am Balticplatz werfen. Auch wenn der bauliche Zustand des Gebäudes es kaum noch erahnen lässt: die Villa Baltic ist das architektonisch bedeutendste Gebäude des Seebades. Der neobarocke Prachtbau wurde 1912 für einen jüdischen Rechtsanwalt gebaut. Seit vielen Jahren wird nun mit wechselnden Eigentümern um die Restaurierung gerungen.

In Kühlungsborn Ost verweist nahe der Seebrücke an der Promenade eine andere Sehenswürdigkeit auf die jüngere Geschichte: An einem originalen Ostsee-Grenzturm wird in einer Freiluftausstellung und in einem Pavillon gezeigt, wie brutal Menschen am Verlassen der DDR gehindert wurden. Sehenswert am Rand von Kühlungsborn Ost ist auch die St.-Johannis-Kirche. Die Feldsteinkirche stammt aus dem 13. Jahrhundert, der hölzerne Turm wurde 1680 errichtet.

Was man außerdem noch in der wunderschönen Umgebung tun sollte: eine Radtour ins Seebad Rerik machen, den Leuchtturm Bastorf besteigen, zum Naturidyll Riedensee spazieren, mit dem Molli nach Bad Doberan fahren und durch die Kühlung wandern.

★ **Leuchtturm Bastorf**

Der schweißtreibende Aufstieg auf den Leuchtturm im zwei Kilometer entfernten, auf einem Hügel gelegenen Dorf Bastorf ist ein Muss für alle Kühlungsbornbesucher. Denn von oben hat man einen traumhaften Blick auf die Ostsee und die Landschaft um Kühlungsborn.

Vielmeer

Das Kultlokal am Bootshafen punktet mit einer modernen, leichten Küche und guten Cocktails. Dazu gibt's einen fantastischen Blick auf Meer, Jachten und Fischerboote.

Hafenstr. 4 | 18225 Kühlungsborn Ost | www.vielmeer.com

Vom Bastorfer Leuchtturm hat man einen herrlichen Blick auf die Ostsee

14

Mal eben ans Meer!

Warnemünde

Schnell mal Ostseeluft schnuppern, Hafenromantik erleben und Traumstand genießen – das geht perfekt bei einem Trip nach Warnemünde. Das ehemalige Fischerdorf bietet maritimes Treiben, stille Gassen und schier endlose Sandstrände.

- Bahnhof Warnemünde
- 3 Stunden 7 Minuten ab Berlin Hbf, ein Umstieg in Rostock
- Tagesausflug, Langes Wochenende, Urlaub
- Stadtspaziergang, Strandausflug, wandern, Schiffstour
- Markgrafenheide (Fähre und Bus, 20 Minuten)

Mein erster Gang nach der Ankunft in Warnemünde führt mich fast immer zur Westmole. Nach der historischen Klappbrücke rechts in die Promenade am Alten Strom eingebogen, geht es vorbei an Rundfahrtschiffen und Kuttern, die frischen Fisch und Fischbrötchen über die Theke reichen. Landseitig reihen sich ehemalige Fischerkaten und schmucke Kapitänshäuser aneinander. In den Erdgeschossen sind heute meist Läden und maritime Restaurants. Hinterm Lotsenhaus Mecklenburg endet die Bebauung und die Westmole beginnt: 540 Meter führt sie auf die Ostsee hinaus. Links begrüße ich den breiten Dünenstrand und zwei Wahrzeichen von Warnemünde, den Teepott und den alten Leuchtturm. Habe ich die Plattform am Ende der Westmole erreicht, atme ich tief durch, schaue den ein- und ausfahrenden Schiffen zu und lasse den Blick weit über das Meer schweifen.

Warnemünde hat viele Gesichter. Gleich hinter der lebhaften Promenade am Alten Strom liegen Gassen mit krummem Kopfsteinpflaster, gesäumt von niedrigen Fischer- und Bauernkaten. Etliche der Gebäude wurden seit Beginn des Badetourismus Ende des 19. Jahrhunderts um eine Glasveranda ergänzt – typisch für Warnemünde.

Die Alexandrinenstraße, die parallel zur Promenade am Alten Strom verläuft, ist von alten, meist liebevoll sanierten maritimen Gebäuden geprägt. In ihrem südlichen Abschnitt wirkt sie dank der hübsch renovierten Fachwerkhäuser fast ein wenig puppenstubenähnlich. Stilecht übernachten kann man dort im Ostsee-Arthotel, das in

Der historische Leuchtturm steht gleich neben dem Teepott

mehreren der alten, schön renovierten Katen untergebracht ist. Auch das sehr sehenswerte Heimatmuseum in der Alexandrinenstraße ist in einem historischen Gebäude untergekommen. In dem 1767 erbauten Fischerhaus wird erzählt, wie Warnemünde vom Fischerort zum Badeort wurde. Und man kann sehen, wie die Warnemünder im 19. Jahrhundert lebten.

Zur Ostsee hin zeigt Warnemünde wieder eine andere Seite: Am alten Leuchtturm mit dem Teepott beginnt die breite Strandpromenade. Hier ist Warnemünde ganz Seebad. Der Teepott, das markante, 1968 erbaute Gebäude mit dem kühn geschwungenen Hyperschalendach diente zu DDR-Zeiten als gastronomische Großeinrichtung und ist bis heute ein Wahrzeichen. Weiter westlich erhebt sich ein weiteres, noch prägnanteres Wahrzeichen: das legendäre, 17-stöckige Hotel Neptun, das in der DDR-Zeit erbaut wurde und bis heute seinen Ruf als erstes Haus am Platz verteidigt. Oben in der 17. Etage können auch Nicht-Hotelgäste nachmittags im Café Panorama bei himmlischen Torten Aussicht und Service genießen.

Wem der Sinn mehr nach Ruhe und Strandidyll steht, der bewegt sich – am besten zu Fuß oder per Fahrrad – einfach von Warnemünde weg: nach Westen durch den Küstenwald und entlang der Steilküste in Richtung Nienhagen. Oder man nimmt die Fähre über die Warnow und steuert den Strand in Hohe Düne an. Von hier wandert man immer am herrlichen Sandstrand entlang über Markgrafenheide und Graal-Müritz bis aufs viele Kilometer entfernte Fischland. Und findet garantiert seine einsame Stelle inmitten idyllischer Natur.

★ **Leuchtturm**
Der 1898 erbaute, 37 Meter hohe Leuchtturm steht am Beginn der Strandpromenade. Seine Plattform bietet einen tollen Rundumblick.
Geöffnet Ostern bis Ende Oktober |
www.warnemuende-leuchtturm.de

Twee Linden
Beliebtes Fischlokal mit moderaten Preisen in einem alten Fischerhaus am Alten Strom. Mit Sonnenterrasse und kleinem Innenhof. In der Saison besser reservieren.
Am Strom 85 | 18119 Warnemünde | www.tweelinden.de

Am Alten Strom in Warnemünde

15

Die Bernsteinstadt

Ribnitz-Damgarten

Die lebendige Kleinstadt Ribnitz-Damgarten liegt direkt am Saler Bodden und ist umgeben von schöner Landschaft. Das Fischland mit seinen Ostseestränden ist ebenso schnell erreicht wie der Nationalpark Vorpommersche Boddenlandschaft.

- Bahnhof Ribnitz-Damgarten West
- 3 Stunden 35 Minuten ab Berlin Hbf (zweimal umsteigen)
- Tagesausflug, Langes Wochenende, Urlaub
- Stadtspaziergang, Schiffstour aufs Fischland, wandern
- Halbinsel Fischland-Darß-Zingst, circa 1 Stunde Busfahrt

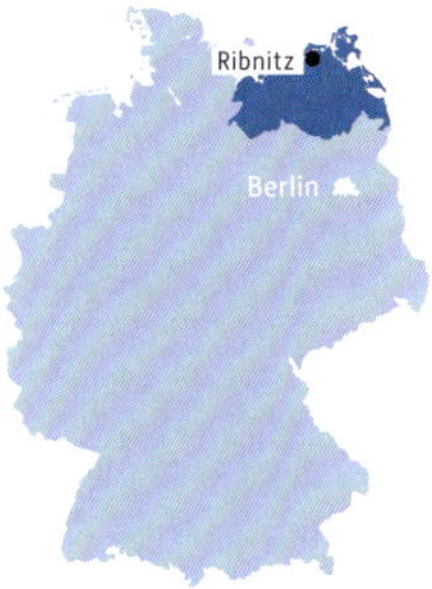

In Ribnitz-Damgarten dreht sich vieles um Bernstein, das „Gold des Meeres“: Hier steht das Deutsche Bernsteinmuseum und die große *Schaumanufaktur Ostseeschmuck*, in der Ribnitzer Innenstadt zeigen kleine Bernstein-Galerien ihre Meisterstücke. Auf dem Marktplatz zieht der sehenswerte Bernsteinbrunnen Kinder und Erwachsene an. Kein Wunder also, dass sich das Städtchen auch offiziell „Bernsteinstadt Ribnitz-Damgarten“ nennt.

Bernstein, das sind in der Ostsee vorkommende, klare bis undurchsichtig-gelbe Steine aus fossilem Harz. Sie werden nach Stürmen oft an den Stränden angespült. Manchmal sind in den oft Jahrtausende alten Stücken versteinerte Insekten oder andere kleine Urtiere zu entdecken. In Ribnitz-Damgarten beschäftigt man sich seit langem damit, aus dem Harz Schmuck herzustellen.

Ribnitz und Damgarten, das waren ursprünglich zwei Kleinstädte, die 1950 zu einer Stadt zusammengeschlossen wurden. Getrennt werden sie durch das Flüsschen Recknitz, das hier in den Ribnitzer See mündet. Der Ribnitzer See ist Teil der Boddenlandschaft, die am östlichen Zipfel der Halbinsel Fischland-Darß-Zingst mit der Ostsee verbunden ist.

Das hübsche Zentrum mit dem Marktplatz liegt im Ortsteil Ribnitz. Hier ist auch der IC-Bahnhof Ribnitz-Damgarten West. Ribnitz ist recht überschaubar, die wichtigsten Sehenswürdigkeiten finden sich in der Altstadt rund um den großen Marktplatz. Dort erhebt sich

Heute ein Kulturort für alle: das Gelände des ehemaligen Klarissenklosters hinter dem modernen roten Quader, in dem die Touristinformation untergebracht ist, die mächtige Stadtkirche St. Marien über die umliegenden Bürgerhäuser. Auf der anderen Seite des Platzes sprudelt der fantasievolle Bernsteinbrunnen. Das Bronze-Ensemble von 2007 stellt eine Bernsteinfischerfamilie samt Hund dar. Nicht weit dahinter begrenzt das zitronengelbe Rathaus den Marktplatz.

Geht man die Lange Straße in westlicher Richtung entlang, steht man bald am Rostocker Tor, das im 15. Jahrhundert erbaut wurde. Es ist das einzig erhaltene Relikt der mittelalterlichen Stadtbefestigung in Ribnitz.

Südlich des Marktplatzes liegt das Klarissenkloster, in dem heute das sehenswerte Deutsche Bernsteinmuseum untergebracht ist. Dorthin führt die Neue Klosterstraße, in der es zwei Galerien für Bernsteinschmuck gibt. Aus der Gründungszeit des Klosters im 14. Jahrhundert ist nur die Klosterkirche erhalten geblieben. Dort zeigt eine Ausstellung die Geschichte des Klarissenklosters.

Die kleinen Straßen nördlich vom Marktplatz führen zum Hafen am Ribnitzer See. Früher lebten vor allem die Ribnitzer Fischer in diesem Viertel. Heute wird der beschauliche, gut ausgebaute Hafen vor allem von Sportbooten und Seglern angelaufen. Vom Schiffsanleger starten in der Saison Fähren nach Dierhagen-Dorf und Wustrow auf dem Fischland. Wer möchte, kann allerdings auch im Hafen schön und kostspielig nächtigen: Sechs Hausboote liegen hier fest vor Anker und können für einen stolzen Preis angemietet werden (www.wellenreiterei-ferienhaus.de). Den umfassenden Wasserblick gibt es gratis dazu.

Im Ortsteil Damgarten ist vor allem die Schaumanufaktur Ostseeschmuck ein Anziehungspunkt. Hier kann man zuschauen, wie aus Bernstein hübsche Schmuckstücke hergestellt werden. Und natürlich lassen sich viele der schönen Stücke auch käuflich erwerben.

Boddentherme

Die Rettung für Schlechtwettertage: Das Sport- und Erlebnisbad bietet ein Sport-, Wellen- und Kleinkinderbecken. Im Wellenbecken sorgen ein Strömungskanal, ein Wasserfall und eine Turbodusche für Action. Auch eine 60 Meter lange Wasserrutsche und eine Saunalandschaft sind vorhanden.
Körkwitzer Weg 15 | 18311 Ribnitz-Damgarten |
Tel. (0 38 21) 3 90 99 61 | www.bodden-therme.de

De Zees

Regionale, anspruchsvolle Küche mit Schwerpunkt Fisch, aber auch Fleisch- und Wildgerichte sowie vegetarische Kost. Attraktive Lage am Ribnitzer See: Von dem Gebäude, das auch schon Künstleratelier und Hafenschänke war, hat man eine tolle Aussicht auf Hafen und Bodden.
Am See 1a | 18311 Ribnitz-Damgarten | Tel. (0 38 21) 89 48 30 |
www.fischhafen.de/de-zees

Mit der Fähre gelangt man auf dem Wasserweg auf das Fischland

16

Wo Franz Kafka sich verliebte

Graal-Müritz

Vorn weißer Strand und Ostsee, hinten die weiten Wälder der Rostocker Heide – das traditionsreiche Seebad Graal-Müritz ist von schönster Landschaft umgeben.

Bahnhof Graal-Müritz

3 Stunden 9 Minuten ab Berlin Hbf (einmal umsteigen)

Tagesausflug, Langes Wochenende, Urlaub

Am Strand liegen, schwimmen, Promenadenspaziergang, wandern

Halbinsel Fischland-Darß-Zingst, circa 30 Minuten mit dem Fahrrad

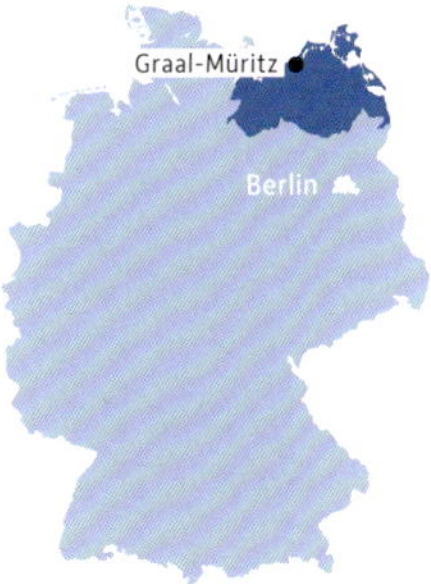

See-, Wald- und Moorluft mischen sich in Graal-Müritz so günstig, dass sich der Ort seit 1960 Seeheilbad nennen darf. Doch schon seit Ende des 19. Jahrhunderts kamen Kurgäste in den Ort, darunter auch berühmte Schriftsteller. So zählte, neben Kurt Tucholsky, Erich Kästner und Hans Fallada, auch Franz Kafka zu den bekanntesten Gästen des Ortes. Er war im Juli 1923 hier, um seine schwere Tuberkuloseerkrankung zu kurieren. In Müritz wohnte der damals 40-Jährige zusammen mit seiner Schwester Elli und deren beiden Kindern in der Pension Glückauf in der Strandstraße. Bei einem Sabbatfest lernte er die 25-jährige Dora Diamant kennen, die in einem jüdischen Ferienheim als Freiwillige arbeitete. Es begann eine der großen Liebesgeschichten der Weltliteratur. Später lebten die beiden in Berlin zusammen.

Ursprünglich waren Graal und Müritz zwei Fischerdörfer, die ungefähr 5 Kilometer auseinanderlagen. Der ältere Gemeindeteil Müritz wurde erstmals 1328 urkundlich erwähnt. 1938 wurden die Dörfer, die längst boomende Badeorte waren, zum Ostseebad Graal-Müritz zusammengeschlossen.

Bis heute hat sich die Kuratmosphäre des Orts erhalten. So gibt es rund ein Dutzend Sanatorien und Reha-Kliniken. Seit der Wende sind zudem viele neue Hotels und Ferienwohnungen entstanden.

In Graal, dem westlich gelegenen, größeren Ortsteil, befinden sich die meisten Unterkünfte, Gaststätten und Läden. Östlich davon, teils durch Wald getrennt, liegt Müritz. Besonders der Ortsteil Müritz Ost,

Die Seebrücke führt 350 Meter aufs Meer hinaus

der rund um die Strandstraße liegt, wirkt wie eine charmante, etwas verschlafene Feriensiedlung. Verbunden sind die Ortsteile durch eine sechs Kilometer lange Strandpromenade.

Zwar gibt es kein richtiges Zentrum in Graal-Müritz. Historisches Seebadflair aber verströmt die Kurstraße in Graal mit zahlreichen Bädervillen. Um die Ecke, in der Lange Straße, liegen die meisten Läden des Seebades. Das touristische Leben spielt sich vor allem rund um die 350 Meter lange Seebrücke ab, die ziemlich genau in der Mitte zwischen Graal und Müritz liegt. An manchen Tagen kann man von hier aus zu Schiffstouren nach Warnemünde starten. Hinter der Seebrücke gibt es Restaurants und einige Hotels – und auch wieder viel Wald.

Beschaulich geht es zu in Müritz Ost, wo in der Strandstraße noch einige Pensionen aus der Bäderstilzeit erhalten sind. Die Pension, in der Franz Kafka nächtigte, gibt es leider nicht mehr.

Und ringsherum Wald, viel Wald: Die Rostocker Heide ist das größte zusammenhängende Waldgebiet an der deutschen Ostseeküste. Das Gebiet, das zu DDR-Zeiten militärisch genutzt wurde und Sperrgebiet war, erstreckt sich westlich bis ins 14 Kilometer entfernte Rostock. Östlich geht die Rostocker Heide ins Ribnitzer Große Moor über.

★ **Rhododendronpark**
Auf den 4,5 Hektar wachsen über 2 000 Azaleen- und Rhododendronpflanzen. Ortsteil Graal, Eingänge unter anderem in der Kurstaße und Lindenstraße.

Pescado
Modernes Fischrestaurant am Seebrückenplatz. Küchenchef Sascha Gusen kocht saisonal, hanseatisch und mediterran. Preise etwas gehoben, aber für das Gebotene angemessen. Gehört zur *Akzent Apartmenthotel Residenz*, das im gleichen Gebäude schöne Ferienapartments vermietet.
Zur Seebrücke 34a | 18181 Graal-Müritz | www.apartmenthotel-residenz.de

Naturbelassener Ostseestrand bei Graal-Müritz

17

Alte Hafenstadt am Bodden

Barth

Hübsche Gassen in einer kreisrunden Altstadt und eine schöne Lage am Bodden – das vorpommersche Städtchen Barth ist ein einladender Ort.

Barth 17

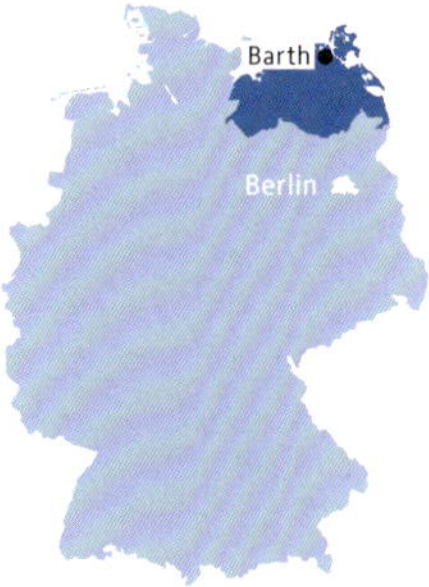

- Bahnhof Barth
- 4 Stunden 1 Minute ab Berlin Hbf (zweimal umsteigen)
- Langes Wochenende, Urlaub
- Stadtspaziergang, Schiffstour nach Zingst
- Halbinsel Fischland-Darß-Zingst, circa 45 Minuten Busfahrt

Zwar sind es bis zum nächsten Ostseesandstrand noch rund 13 Kilometer. Trotzdem ist Barth ein guter Standort für einen Ostseeurlaub. Mit Bus oder Auto ist man in 15 Minuten im Ostseebad Zingst. In der Saison fährt zudem eine Fähre dorthin.

Barth war bis zum Ende des 15. Jahrhunderts Residenz der rügenschen und später der pommerschen Herzöge und kam zu ansehnlichem Wohlstand. Während des Dreißigjährigen Krieges und der Schwedenherrschaft verarmte die Stadt. Im 18. und 19. Jahrhundert setzte mit der Segelschifffahrt und dem Schiffsbau ein neuer Aufschwung ein. Werften und große Reedereien entstanden und waren so erfolgreich, dass sich Barth im 19. Jahrhundert zu einem der größten Seehäfen Preußens entwickelte. Das kann man heute noch erahnen, wenn man durch den großen Hafen am Bodden spaziert, in dem heute Sportboote und Jachten ankern.

Nach dem Ende der Segelschiffzeit wurde Barth dann ein Landstädtchen. Mit dem zunehmenden Tourismus auf dem Zingst und Darß konnte auch Barth als „Tor zur Halbinsel" Gäste gewinnen.

Neben dem mittelalterlich geprägten Stadtkern lockt vor allem das reizvolle Umland Besucher an. Die stille Landschaft des Barther Boddens bietet weiten Blick übers Wasser und auf Felder, auf denen man im Herbst Zehntausende Kraniche beobachten kann.

Und dann gibt es da noch die Vineta-Legende. 1998 meinten Forscher Hinweise gefunden zu haben, dass sich die legendäre, im Meer

Blick vom weitläufigen Marktplatz zur Stadtkirche St. Marien

versunkene Stadt Vineta vor der Küste der Stadt im Barther Bodden befunden habe. Auch wenn es nur eine unbewiesene Vermutung ist – seitdem nennt sich Barth „Vinetastadt". Und im Stadtmuseum, das jetzt Vineta-Museum heißt, erfährt man einiges über den Vineta-Mythos.

Einen Rundgang durch Barth beginnt man am besten am Dammtor. Der Torbau aus dem Jahr 1357 markiert mit seinen 35 Metern Höhe den westlichen Eingang der Stadt. Von hier führt die Dammstraße hinein in die Altstadt, vorbei an der mächtigen Stadtkirche St. Marien. Die Dammstraße endet am Marktplatz, der mit seiner Größe von der ehemaligen Bedeutung Barths als Handelsplatz erzählt. Vom Marktplatz führt die Lange Straße, die Einkaufsmeile von Barth, in Richtung Süden. Leider hat sie an Bedeutung verloren, seit vor der Stadt Discounter und Shoppingcenter eröffneten.

Ein Abstecher lohnt sich zum Fangelturm am östlichen Rand der Altstadt. Wie das Dammtor gehört auch der zwölf Meter hohe Fangelturm in der Turmstraße zu den Resten der mittelalterlichen Stadtbefestigung. Auf seinem Dach ist heute eine Sternwarte eingerichtet.

Zurück am Markt – wo man unbedingt eine Café-Pause im sympathischen Galerie Café in der Klosterstraße 1 einlegen sollte – gelangt man über die Klosterstraße zum Adeligen Fräuleinstift. Der sehenswerte Barockbau wurde 1733 als Kloster erbaut. Heute beherbergt er eine Einrichtung für betreutes Wohnen.

Hinter dem Kloster wird der Blick frei auf den weitläufigen Barther Hafen. Wo einst stolze Dreimaster vor Anker lagen, schaukeln heute vor allem Jachten und Sportboote an der Kaimauer. Das große Backsteingebäude rechter Hand ist das Hotel Speicher, von dessen Zimmern man weit über den Bodden schauen kann. In der Mitte des Hafens steht der moderne Glasbau der Hafenmeisterei, in dem in der Saison auch eine Zweigstelle der Touristinformation geöffnet hat. Weiter westlich erreicht man die kleine Hafenpromenade mit Restaurants und Läden.

Fähre nach Zingst

Vom Hafen in Barth fährt in der Saison stündlich eine Fähre ins Ostseebad Zingst. Die Fahrt über den Barther Bodden, vorbei an der Vogelinsel Kirr und durch den Zingster Strom ist ein Erlebnis. Fahrradmitnahme ist möglich, sodass man auch bequem eine Strecke mit dem Rad auf dem gut ausgebauten Radweg zurücklegen kann.
www.fahrgastschifffahrt-fischland-darss-zingst.de

Galerie Café

Wunderbar helles, liebevoll eingerichtetes Café in einem alten Eckhaus am Marktplatz. Neben süßen Leckereien wie Torten und Kuchen kann man sich auch herzhafte Snacks, Quiche und Suppen schmecken lassen. In den verwinkelten Räumen werden Werke von regionalen Künstlern und Kunsthandwerkern ausgestellt, die man auch erwerben kann.
Klosterstr. 1 | 18356 Barth | Tel. (03 82 31) 7 73 03 |
www.galerie-cafe-barth.com

Über die Meiningenbrücke soll in ein paar Jahren die Darßbahn fahren

18

Mit Pinguinen über der Altstadt

Stralsund

Stralsund ist ein Sehnsuchtsort: Von seiner perfekten Lage am Wasser, seiner lauschigen Altstadt und dem Hafen mit seinen Attraktionen werden Besucher magisch angezogen.

Stralsund Hbf

3 Stunden 4 Minuten ab Berlin Hbf

Tagesausflug, Langes Wochenende, Urlaub

Stadtspaziergang, Altstadt, Hafen, Ozeaneum, Meeresmuseum

Hiddensee (die Fähre braucht 1 Stunde 25 Minuten)

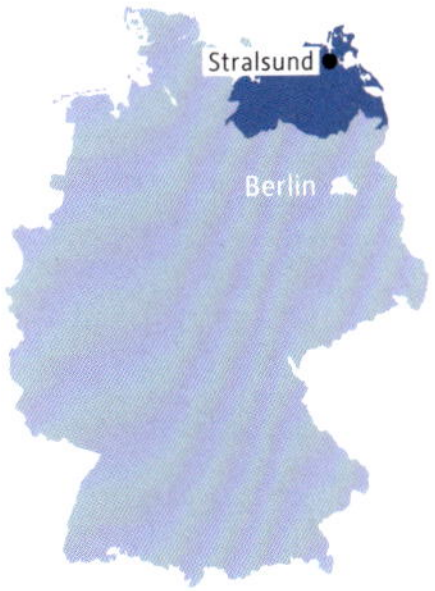

Schon die Silhouette der Stadt ist eindrucksvoll. Von wo man auch kommt, stechen drei große Kirchen aus der Stadtansicht heraus. Nähert man sich vom Meer der Stadt, wird es noch eindrucksvoller: links die kühn geschwungene Rügendammbrücke, geradeaus die Hafenzeile mit dem futuristischen Ozeaneum, einem der spektakulärsten maritimen Museen der Welt.

Betritt man vom schmucken Hauptbahnhof die Stadt, gelangt man über einen Damm in die Altstadt. Sie gehört seit dem Jahr 2002 zusammen mit Wismar zum UNESCO-Weltkulturerbe. Schnell ist der Neue Markt erreicht, an dem die Marienkirche in die Höhe ragt. Von ihrem Turm in 104 Meter Höhe hat man einen tollen Blick über das Dächermeer der Altstadt. Erbaut wurde St. Marien Mitte des 15. Jahrhunderts im Stil der Backsteingotik. Im Innern der Kirche lässt sich ein eindrucksvoller Flügelaltar aus dem 15. Jahrhundert bewundern. Die Barockorgel mit ihren 3500 Pfeifen und wunderbar vollem Klang stammt aus dem Jahr 1659.

Am Neuen Markt beginnt mit der Mönchstraße die Flaniermeile von Stralsund. Nach zwei Windungen führt sie als Ossenreyerstraße schnurstracks zum Alten Markt, einem der schönsten Plätze Deutschlands. Hier stehen die prächtigsten Profanbauten der Altstadt: Das Wulflamhaus mit seiner verzierten Schaufassade wurde 1358 im Stil der Backsteingotik erbaut. Heute ist hier das Traditionsrestaurant Wulflamstuben. Im Kommandantenhaus an der Ostseite des Platzes

Das Wulflamhaus am Neuen Markt mit seiner Zierfassade wurde 1358 erbaut mit seinem verzierten Giebel, erbaut 1751, residierte einst die schwedische Kommandantur. Absoluter Blickfang des Alten Marktes ist das Rathaus mit seiner beeindruckenden Zierfassade. Mit dem Bau wurde schon 1250 begonnen. Im Lauf der Jahrhunderte erfolgten einige Umbauten, so ist der westliche Teil des Gebäudes im 18. Jahrhundert im Barockstil umgebaut worden. An der Fassade erkennt man die Wappen der wichtigsten Städte der Hanse.

Hinter dem Rathaus ragt die Nikolai-Kirche mit ihren zwei verschieden hohen Türmen in den Himmel. Die dreischiffige Basilika entstand Ende des 13. Jahrhunderts. Das innere ist farbenfroh gestaltet und überrascht mit einer Sammlung mittelalterlicher Kunstschätze.

Die kleinste der Stralsunder Stadtkirchen, die Jakobikirche in der Jakobiturmstraße, ist heute Kulturkirche und Veranstaltungsraum.

Vom Alten Markt ist es nur ein Katzensprung bis zum Hafen. Über eine Brücke erreicht man die Hafeninsel. Hier liegt das Segelschulschiff Gorch Fock vor Anker und kann besichtigt werden. Besuchermagnet auf der Hafeninsel ist das Ozeaneum mit seiner geschwungenen Fassade. Noch mehr zum Thema Lebensraum Meer erfährt man im ebenfalls sehr sehenswerten Meeresmuseum in der Altstadt. Auf der Hafeninsel gibt's auch die besten Fischbrötchen frisch vom Kutter.

★ **Ozeaneum**
Maritimes Erlebnismuseum der Spitzenklasse. Über mehrere Etagen wird das Leben im und am Meer spielerisch und multimedial vermittelt. Publikumslieblinge sind die Humboldt-Pinguine auf der Dachterrasse.
Hafenstraße 11 | 18439 Stralsund | www.ozeaneum.de

Hansekeller
Regionale Fleisch- und Fischküche zu moderaten Preisen in einem historischen Gewölbekeller aus dem 16. Jahrhundert. In der Altstadt gegenüber des Meeresmuseums.
Mönchstraße 48 | 18439 Stralsund | www.hansekeller-stralsund.de

Segelschiffe im Stralsunder Hafen

19

Kreidefelsen ahoi!

Sassnitz

Sassnitz, das Tor zum Nationalpark Jasmund auf Rügen, hat einiges zu bieten: einen einst großen Hafen, eine versteckte Altstadt und hinreißende weiße Bädervillen über der Steilküste.

Bahnhof Sassnitz

4 Stunden 20 Minuten ab Berlin Hbf (einmal umsteigen)

Langes Wochenende, Urlaub

Stadtspaziergang, Hafenrundgang, wandern, aufs Meer schauen

Ostseebad Binz (45 Minuten Busfahrt)

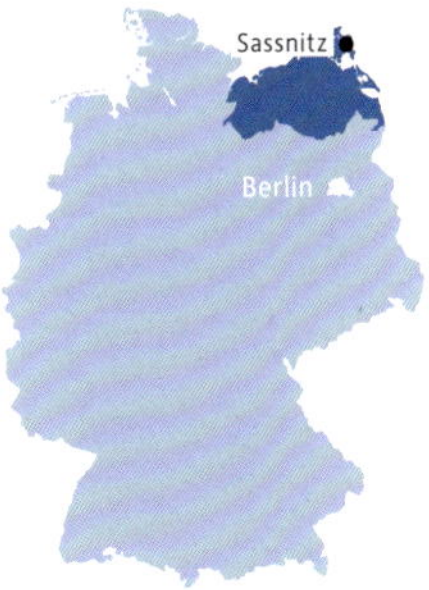

„Nach Rügen reisen heißt nach Saßnitz reisen", schrieb einst Theodor Fontane in seinem Roman Effi Briest. Tatsächlich war Sassnitz damals das Seebad auf Rügen. In dieser Zeit entstanden die prächtigen weißen Bädervillen an den Hängen hoch über der Ostsee.

Um 1900 kam Sassnitz allerdings aus der Mode – den Strand fand man nun zu steinig, den Ort durch den wachsenden Hafen zu städtisch. Und so scheint es heute manchmal, als sei bei den Seebadvillen über der Steilküste und in den Gassen der verwinkelten Altstadt von Sassnitz die Zeit stehengeblieben, so verträumt, verspielt und ein wenig vergessen wirkt hier manches.

Hafenstadt Sassnitz

Sassnitz wurde im 20. Jahrhundert vor allem eine bedeutende Fähr- und Hafenstadt. Ab 1906 fuhr die Eisenbahnfähre ins schwedische Trelleborg. In der DDR-Zeit gewann der Hafen weiter an Bedeutung. Davon zeugen bis heute die ausgedehnten, leer stehenden oder neu genutzten Hafenanlagen. Besonders eindrucksvoll ist der Fährterminal für die Eisenbahnfähren, der in der DDR-Zeit entstand und heute wie ein verlassenes Ufo auf Stelzen über dem Hafen zu schweben scheint. Eine neue, kühn geschwungene Fußgänger-Hängebrücke führt von oben, vom Rügenplatz im Sassnitzer Zentrum, hinunter zum Fährterminal am Hafen.

Als in den 1980er-Jahren der Sassnitzer Stadthafen aus allen Nähten platzte, wurde im vier Kilometer entfernten Mukran ein neuer, gigantisch großer Fährhafen errichtet. Im Sassnitzer Stadthafen ankern heute die Ausflugsschiffe zu den Kreidefelsen und viele Segel- und Sportboote. Auch einen kleinen Fischereihafen gibt es. Und einiges zu entdecken: So gelangt man am Ende der 1,5 Kilometer langen Ostmole, der längsten Außenmole Europas, zum Leuchtturm von Sassnitz. Im westlichen Teil des Hafens kann ein ausgemustertes britisches U-Boot besichtigt werden. Und im Fischerei- und Hafenmuseum erfährt man viel über die maritime Geschichte der Stadt. Vom Fischereihafen führt eine schöne Promenade unterhalb der Steilküste vorbei an etlichen Fischgaststätten zur Altstadt.

Die Altstadt

Die Altstadt ist ein verstecktes Kleinod. Wären nicht die Wegweiser des Sassnitzer Altstadtvereins, würde man von der Promenade aus leicht daran vorbeilaufen. Ein- bis zweigeschossige Häuser in unterschiedlichem Verwitterungs- oder Sanierungszustand schmiegen sich hier entlang schmaler Gassen und Treppengänge in ein ehemaliges Bachtal. Nur am kleinen Markt erhebt sich ein großer Gründerzeitbau. In der Altstadt liegen die Ursprünge des Fischerdorfs Sassnitz. Heute gibt es ein paar Gaststätten, Ferienwohnungen in alten Bäderstilvillen und Fischerhäusern und eine Bernsteingalerie.

Tor zum Königsstuhl

Sassnitz ist das wichtigste Tor zum Nationalpark Jasmund. Von hier startet man zu einer der schönsten Wanderungen Rügens: auf dem 12 Kilometer langen Hochuferweg zum Königsstuhl. Alternativ spaziert man direkt am steinreichen Strand entlang, auch das wird mit einem tollen Blick auf die berühmten Kreidefelsen belohnt. Den besten Ausblick auf Königsstuhl und Kreidefelsen genießt man aber von den Ausflugsschiffen aus. Auch fahren Pendelbusse von Sassnitz zum Nationalpark-Zentrum am Königsstuhl.

Nationalpark-Zentrum Königsstuhl
Der Königsstuhl ist der berühmteste Kreidefelsen im Nationalpark Jasmund. In 118 Meter Höhe schwingt sich hier seit 2023 ein kühner Skywalk über die Felsformation. Die Anlage gehört zum Nationalparkzentrum Königsstuhl und kostet Eintritt. Dafür kann man auch die hervorragende Erlebnisausstellung besuchen. Auf drei Etagen erkundet man die akustisch inszenierten Räume und wird dabei spielerisch in die Geheimnisse der Kreidelandschaft eingeweiht.
www.koenigsstuhl.com

Restaurant Kutterfisch
Fangfrischer Fisch in maritimem Ambiente direkt am Hafen, nach regionaler Art zubereitet. Im Sommer kann man von der Terrasse den Fischern beim Anlanden ihrer Fänge zuschauen.
Hafenstraße 12d | 18546 Sassnitz | www.sassnitz-kutterfisch.de

Kleinod im Taleinschnitt: die Altstadt von Sassnitz

20

Schönheit pur

Binz

Binz auf der Ostseeinsel Rügen ist ein Traum: Gelegen an einer sanft geschwungenen Bucht mit einem langen weißen Sandstrand scheint hier alles zu strahlen: die vielen weißen Bädervillen, das prächtige Kurhaus, die lebhafte Einkaufsmeile, die weit aufs Meer ragende Seebrücke.

Bahnhof Ostseebad Binz

4 Stunden 22 Minuten ab Berlin Hbf (zweimal umsteigen)

Langes Wochenende, Urlaub

Bädervillen bestaunen, am Strand liegen, schwimmen, Schiffstour unternehmen, wandern

Hafenstadt Sassnitz (45 Minuten Busfahrt)

Aber um es gleich zu sagen: Um die ganze Schönheit von Binz zu genießen, steht man am besten früh auf. Denn das Seebad ist so beliebt, dass man sich im Sommerhalbjahr spätestens ab 10 Uhr morgens den prächtigen Ort mit vielen, vielen anderen Touristen teilen muss.

Die Granitz

Binz liegt zusammen mit dem südlich gelegenen Ostseebad Sellin in der Granitz, einem waldreichen Hügelland mit anmutigen Wiesentälern. Buchenwälder bedecken die meisten der Hügel, nur auf dem Tempelberg, der höchsten Erhebung, ragt seit 1846 das wunderbar verspielte Jagdschloss Granitz aus dem Baumkronenmeer hervor. Die Wälder der Granitz reichen bis an die Strände und sogar bis fast an die Abbruchkante der Steilküste, die zwischen Binz und Sellin verläuft.

Das Seebad auf Rügen

Es fängt schon mit dem Strand an: Der Sandstrand von Binz liegt windgeschützt in der schönsten Bucht von Rügen. Östlich von einem malerischen Hügel der Granitz begrenzt, zieht sich das weiße Band in einem sanften, nicht enden wollenden Schwung Richtung Westen bis zum Horizont.

So viel landschaftlicher Schönheit konnte der kunstsinnige Fürst Malte aus Putbus nicht widerstehen: Um 1825 schaffte er die ersten Badekarren in das abgelegene Fischerdorf. Allerdings dauerte es noch

Zahlreiche Bädervillen säumen die Strandpromenade von Binz

bis 1895, bis die Schmalspurbahn von Putbus, der heutige Rasende Roland, gebaut wurde. Von da an gab es allerdings kein Halten mehr: Berliner Geschäftsleute errichteten einen Großteil der prächtigen Villen und feinen Logierhäuser, die bis heute das Bild von Binz bestimmen. Binz entwickelte sich für die, die es sich leisten konnten, innerhalb weniger Jahre zum Top-Reiseziel auf Rügen.

Heute strahlen die Bädervillen an der Strandpromenade, das prächtige ehemalige Kurhaus, die wieder aufgebaute Seebrücke und viele weitere Attraktionen mehr denn je. Kein Wunder also, dass Binz die höchste Dichte an Ferienquartieren, Cafés und Restaurants sowie Freizeiteinrichtungen auf Rügen aufweist – vieles davon vom Feinsten.

Mittlerweile haben sich auch etliche Galerien in Binz angesiedelt. In der Margarethenstraße ist eine richtige Kunstmeile entstanden. Zu den neueren – und weniger frequentierten – Attraktionen gehört der Park der Sinne am Schmachter See. Ein fantasievoll gestalteter grüner Ort der Ruhe auf der Binnenseite von Binz.

Doch auch die nahe Umgebung von Binz hat es in sich: Im Ortsteil Prora kann man das 4,5 Kilometer lange KDF-Gebäude aus der Nazi-Epoche bestaunen. Ursprünglich als Quartier für den Massentourismus geplant, wurde der Komplex in der DDR vor allem militärisch genutzt. Nach der Wende entstanden in einem Teil des maroden Kolosses eine Kulturmeile mit privaten Museen – unter anderem zur Geschichte von Prora – und eine Jugendherberge. Und heute? Man glaubt es kaum, aber in die lange leer stehenden Ruinen wurden und werden hochwertige Ferienapartments eingebaut.

Die schönste Anreise

Die schönste Anreise nach Binz erfolgt über den Seeweg: zum Beispiel mit der Morgenfähre von Sassnitz quer über die Bucht Prorer Wiek. Rechter Hand sieht man zunächst den Hafen von Mukran, dann kann man Prora mit seinem langen Gebäudekomplex hinter dem Strand erkennen, bevor man sich langsam dem magischen Ort in der Binzer Bucht nähert.

Jagdschloss Granitz

Tief im Wald auf dem 107 Meter hohen Tempelberg thront das Jagdschloss oberhalb von Binz. 1846 wurde der kastellartige Bau mit den vier runden Ecktürmen fertiggestellt. Das Schloss, das Fürst Malte I. zu Putbus erbauen ließ, ist heute ein beliebtes Ausflugsziel. Highlights sind die kunstvoll gearbeitete Wendeltreppe aus Gusseisen und die 38 Meter hohe Aussichtplattform des Mittelturms. Man erreicht das Schloss entweder mit der Schmalspurbahn Rasender Roland, mit einer Bimmelbahn oder zu Fuß.
Jagdschloss Granitz 1 | 18609 Binz

Strandhalle

Eine Institution in Binz: Das renommierte Lokal in der über 100 Jahre alten Strandhalle bietet laut Eigenwerbung „Fein-bürgerliche Küche, groß-bürgerliche Portionen zu klein-bürgerlichen Preisen“. Und das stimmt! Hier wird regional auf hohem Niveau gekocht, viel Fisch, aber auch andere mecklenburgisch-vorpommersche Gerichte. Dafür, dass das so bleibt, sorgt Chefkoch Toni Münstereicher, einer der engagiertesten Küchenmeister auf Rügen.
Strandpromenade 5 | 18609 Binz | www.strandhalle-binz.de

Schloss Granitz thront auf dem Tempelberg über Binz

21

Weit weg vom Alltag

Hiddensee

Rückzugsort für Künstler, Naturparadies, Refugium für Freigeister – die Insel Hiddensee ist bis heute ein Sehnsuchtsort.

- Hafen Vitte
- 6 Stunden 42 Minuten ab Berlin Hbf (Bahn bis Bergen auf Rügen, Bus nach Schabrode, Fähre)
- Langes Wochenende, Urlaub
- Inselurlaub, Strand, wandern, Rad fahren
- Insel Rügen (45 Minuten Fährfahrt)

Der Schriftsteller Gerhart Hauptmann, der Dramatiker Bertolt Brecht, die Schauspielerin Asta Nielsen und viele weitere Künstler fanden hier Abgeschiedenheit und Inspiration. In der DDR-Zeit war Hiddensee ein Zufluchtsort für Freigeister und Kreative.

Heute ist die 17 Kilometer lange, aber nur einige hundert Meter breite Insel ein Ort für alle, die nach Ruhe und Entschleunigung suchen. Ein langer weißer Sandstrand, steile Klippen und sanfte Hügel, zerzauste Bäume und weite Salzwiesen bilden ein grandioses Landschaftspanorama. Die Landschaft steht unter Naturschutz, seit 1990 gehört Hiddensee zum Nationalpark Vorpommersche Boddenlandschaft. Hiddensee ist autofrei, man bewegt sich zu Fuß, mit dem Rad, mit der Kutsche oder mit dem Inselbus voran.

Auf der Insel liegen drei Dörfer, alle mit eigenem Hafen und ganz eigenem Charakter: der Hauptort Vitte mit dem größten Hafen in der Inselmitte, Kloster am Fuß des Hügellands im Norden und das Rasendorf Neuendorf im Süden. Dazu kommt noch der Weiler Grieben nördlich von Kloster.

Zwei fotogene Leuchttürme hat die Insel, einen im Süden und einen im Norden, beide sind beliebte Wanderziele. Der berühmtere ist der Leuchtturm auf dem Dornbusch, er steht auf einem 72 Meter hohen Berg und prägt die Silhouette der Insel schon von Weitem.

Beliebtes Wanderziel auf Hiddensee: der Leuchtturm auf dem Dornbusch

Vitte

Vitte in der Inselmitte ist der größte Ort auf Hiddensee. Hier ist die Gemeindeverwaltung, gibt es den einzigen Supermarkt und die einzige Bank. In Vitte warten bei der Schiffsankunft am Hafen die Kutschen, um Besucher in ihre Quartiere zu bringen. Vitte liegt an einer besonders schmalen Stelle der Insel, vom Hafen am Bodden bis zum Ostseestrand auf der Westseite sind es gerade mal 300 Meter. Von hier erstreckt sich Vitte mit vielen reetgedeckten Häusern und grünen Vorgärten nach Norden und Süden. Sehenswert ist die Blaue Scheune, einst Atelier der Künstlerin Henni Lehmann, und das Karusel, das eigenwillig geformte Haus der Schauspielerin Asta Nielsen. Ein klassischer Spaziergang führt von Vitte aus ins zwei Kilometer nördlich gelegene Dorf Kloster.

Kloster

Kloster gilt als das schönste Dorf auf Hiddensee. Dazu trägt auch die Lage zu Füßen des Hügellandes am Dornbusch bei. In dem Dorf mit seinen weitgehend ungepflasterten Wegen und einstöckigen, meist reetgedeckten Gebäuden hatte auch der Schriftsteller Gerhart Hauptmann einst sein Feriendomizil. Heute ist das Gerhart-Hauptmann-Haus ein Museum und eine der meistbesuchten Attraktionen von Hiddensee. Im Kloster steht auch die Inselkirche von Hiddensee und das Heimatmuseum, das eine Sammlung von Gebrauchsgegenständen des Hiddenseer Alltags zeigt. Vom Kloster führt ein Wanderweg mit fantastischen Ausblicken hinauf zum Leuchtturm am Dornbusch. Ganz in dessen Nähe liegt die Gaststätte Klausner, welche vom Schriftsteller Lutz Sailer in dessen preisgekrönten Roman Kruso ein literarisches Denkmal bekommen hat.

Neuendorf

Sechs Kilometer südlich von Vitte liegt Neuendorf mit seinem Hafen. Das ganze Dorf ist eine Ansammlung von weißen, einstöckigen Gebäuden, die sich über das grüne Wiesenland verteilen. Südlich von

Neuendorf liegt der Gellen, eine Landzunge, dessen Südspitze ein Vogelschutzgebiet und damit für die Öffentlichkeit nicht zugänglich ist. Auf dem Gellen steht auch der Süderleuchtturm, den man bei einer Wanderung parallel zur Ostsee nach einer Stunde erreicht.

Gerhart-Hauptmann-Museum
Das ehemalige Sommerhaus des Dichters und Nobelpreisträgers, das er 1930 kaufte. Zu besichtigen sind die original eingerichteten Wohn- und Arbeitsräume, ein Teil seiner Kunstsammlung und der Weinkeller. Im Pavillon vor dem Wohnhaus befindet sich eine sehr gut sortierte Buchhandlung, die auch Hauptmanns Lieblingswein verkauft.
Kirchweg 13 | 18565 Kloster auf Hiddensee | www.hauptmannhaus.de

Zum Hiddenseer
Das wohl beste Restaurant auf Hiddensee bietet regionale, kreativ zubereitete Gerichte mit Schwerpunkt Fisch
Wiesenweg 22 | 18565 Vitte auf Hiddensee | Tel. (03 83 00) 4 19 | www.hiddenseer.de

Auf der autofreien Insel sind die Verkehrsmittel eher traditionell ...

22

Die Stadt am Haff

Ueckermünde

Fast noch ein Geheimtipp: Das Städtchen Ueckermünde und die Küste am Stettiner Haff locken mit unverbrauchter Natur, Kleinstadtidylle und flachen Stränden.

Ueckermünde 22

- Bahnhof Ueckermünde
- 2 Stunden 19 Minuten ab Berlin Hbf (einmal umsteigen)
- Tagesausflug, Langes Wochenende, Urlaub
- Stadtspaziergang, Haff erkunden, schwimmen
- Insel Usedom (im Sommerhalbjahr Schiffsverbindung)

Ueckermünde ist von Berlin aus der nächstgelegene Strandort im Ostseebereich. Trotzdem geht es in der hübschen Kleinstadt am Stettiner Haff gemütlich zu.

Das touristische Zentrum der ganzen Region ist die Altstadt von Ueckermünde. Rund um den historischen Markt, den zentralen Platz von Ueckermünde, liegen hübsche Läden, Kunsthandwerksstätten, Restaurants und Kneipen. Aber keine Sorge: Auch in den Sommerferien drängen sich hier keine Besuchermassen durch die Gassen. Und da die ganze Altstadt verkehrsberuhigt ist, lässt es sich wunderbar flanieren.

Ueckermünde erhielt um 1260 das Stadtrecht. Seit dieser Zeit sind die Gebäude in der Altstadt mehrfach neu aufgebaut worden. Das mittelalterliche Straßennetz ist aber noch deutlich erkennbar. Prägend für das jetzige Aussehen der historischen Altstadt waren vor allem die Jahre zwischen 1875 und 1910. Damals entstanden viele Gründerzeithäuser entlang der Ueckerstraße und des Marktplatzes sowie öffentliche Gebäude wie das Landratsamt, das Amtsgericht und die Post.

Kulturelles Highlight ist das Schloss aus der Zeit der Pommernherzöge, das im Osten der Altstadt auf einer Anhöhe über dem Stadthafen steht. Es gehörte einst den pommerschen Herzögen, die das Anwesen für das Abhalten von Landtagen, für feierliche Anlässe und als Jagdschloss nutzten. Seit dem Ende des 18. Jahrhunderts wird es als Rathaus genutzt. Hier befindet sich auch das Haffmuseum, in dem

Altstadtgasse in Ueckermünde

man viel Spannendes über das Leben in der Region in früheren Zeiten erfährt. Vom Schlossturm aus hat man einen fantastischen Blick über die Stadt und das Stettiner Haff.

Sehenswert ist auch der lauschige Stadthafen von Ueckermünde. Hier künden noch historische Lagerhäuser von der einstigen Bedeutung Ueckermündes als wichtiger Umschlagplatz im Ostseehandel. Heute lädt eine kleine Promenade zum Spazierengehen und zur Einkehr in maritime Gaststätten ein.

Am Stadthafen beginnt auch der Rad- und Fußweg zum zwei Kilometer entfernten Haffbad, dem Strandparadies von Ueckermünde. Es lädt seit 1926 zum Baden, Planschen und Erholen am 800 Meter langen, feinkörnigen Sandstrand ein. Der lange Flachwasserbereich ist ideal für Kinder.

Das Haff – der kleine Bruder der Ostsee

Noch nicht ganz Meer, aber auch kein Binnengewässer: Das Stettiner Haff ist mit gut 900 Quadratkilometern Fläche die zweitgrößte Lagune der Ostsee. Die Lagune ist ein ruhiges, salzarmes Gewässer mit einer durchschnittlichen Tiefe von 3,80 Metern. Und die Region um das Haff ist ein noch wenig bekanntes, naturnahes Ferienparadies. Im Norden wird das Haff von den Inseln Usedom und Wollin begrenzt, südlich liegt an einem Seitenarm die größte Stadt der Region, das polnische Stettin. Seit 1945 verläuft ziemlich genau in der Mitte des Haffs die Grenze zwischen Deutschland und Polen. Bedeutendster deutscher Ort am Haff ist Ueckermünde.

Die weite, dünn besiedelte Landschaft am Haff ist ein Naturidyll. Im Naturpark Stettiner Haff liegen die malerischen Flussläufe der Uecker, Zarow oder Peene, weite Felder und dichte Wälder.

★ **Schloss**
Über der Altstadt thront der Südflügel des ehemaligen pommerschen Herzogsschlosses. Errichtet 1546, heute Haffmuseum und Stadtverwaltung.
Am Rathaus 3 | 17373 Ueckermünde

Am Stadthafen von Ueckermünde

Fischbrötchen
Backfisch
Räucherfisch

23

Lebendige Stadt am Bodden

Greifswald

Eine quirlige Altstadt, ein lebendiger Museumshafen, eine romantische Klosterruine und Sandstrand am Bodden: Die Hanse- und Universitätsstadt bietet Urbanität und Meer.

Bahnhof Greifswald

2 Stunden 47 Minuten ab Berlin Hbf

Tagesausflug, Langes Wochenende, Urlaub

Stadtspaziergang, Strandbad, Klosterruine besuchen

Insel Usedom (45 Minuten Bahnfahrt)

Was beim Spaziergang durch die Greifswalder Altstadt sofort auffällt: Die alte Stadt ist eine junge Stadt – Studierende und junge Familien prägen das Straßenbild wie sonst in kaum einem anderen Ort in Mecklenburg-Vorpommern. Besonders im Sommer wimmelt es rund um die Lange Straße, die Flaniermeile von Greifswald, von Menschen, die hier einkaufen, vor einem der kultigen Lokale sitzen oder einfach das Treiben an den historischen Plätzen beobachten.

Die Greifswalder Uni hat eine lange Geschichte: Schon seit 1456 wird hier studiert, sie gehört damit zu den ältesten Universitäten in Deutschland. Greifswald selbst ist noch ein ganzes Stück älter: 1249 gründeten deutsche, dänische und slawische Siedler die Stadt am Flüsschen Ryck und am Greifswalder Bodden. Schon Ende des 13. Jahrhunderts gehörte Greifswald zu den führenden Städten der Hanse, dem Verbund niederdeutscher Kaufmannsstädte. Vom wirtschaftlichen Reichtum dieser Zeit zeugen noch heute etliche prächtige Gebäude im Stil der Backsteingotik.

Das Zentrum der Greifswalder Altstadt bildet der rechteckige Markt. Gesäumt wird der Platz von Gebäuden aus unterschiedlichen Epochen. Neben den gotischen Backsteingiebelhäusern mit Ornamenten und Schmucksteinen fällt besonders das leuchtend rote, barocke Rathaus mit dem mittelalterlichen Gewölbe auf. Gleich hinter dem Rathaus liegt der Fischmarkt, an dem auch zwei imposante Wohnspeicherhäuser stehen.

Auf dem Markt in Greifswald

Schon von Weitem prägen die gotischen Backsteinkirchen St. Marien, St. Jacobi und der Dom St. Nikolai die Silhouette von Greifswald. Die 1350 fertiggestellte, wuchtige dreischiffige Marienkirche ist die älteste der drei großen Stadtkirchen.

Der schönste Treffpunkt von Greifswald liegt am Museumshafen: Überquert man von der Altstadt aus die Fußgängerbrücke über den Ryck, kann man sich am Nordufer auf Treppenstufen, Liegestühlen oder Wiesen am Wasser niederlassen. Von dort hat man einen fantastischen Blick auf den Museumshafen mit seinen Speichergebäuden, historischen Schiffen und dem mittelalterlichen Fangenturm, der einst Teil der Stadtbefestigung war. Dazu kann man sich einen Drink oder ein Fischbrötchen von einem der drei hier ankernden Bistroschiffe holen.

Eldena und Wieck

Greifswald liegt am Greifswalder Bodden, einer großen Bucht der südlichen Ostsee. Vom Museumshafen in der Greifswalder Altstadt führt ein drei Kilometer langer Fuß- und Radweg entlang des Rycks zur Boddenküste und zu den Vororten Wieck und Eldena.

In Eldena liegt neben dem Jachthafen das Strandbad Eldena, die Badewanne der Greifswalder. Hier geht es am aufgeschütteten Sandstrand sehr flach ins Wasser, deshalb ist das Bad bei Familien und Kindern beliebt. Brusttiefes Wasser erreicht man allerdings erst nach mindestens 50 Metern.

Ebenfalls in Eldena steht die romantisch-verwunschene Ruine von Kloster Eldena, einem Zisterzienserkloster aus dem 13. Jahrhundert.

Gegenüber von Eldena, auf der nördlichen Seite des Ryck, liegt das unter Denkmalschutz stehende Fischerdorf Wieck mit reetgedeckten Katen. Man gelangt dorthin über die historische Klappbrücke, die hier den Ryck überspannt. Die Klappen der nach holländischem Vorbild gebauten Brücke werden zu jeder vollen Stunde per Hand hochgezogen, um Schiffe passieren zu lassen.

Klosterruine Eldena

Vom ehemaligen Zisterzienserkloster ist nur noch eine Ruine vorhanden – doch die ist wunderschön. 1199 an der Ryckmündung gegründet, war es im Mittelalter das bedeutendste Kloster der Region. Zwischen dem frühen 13. Jahrhundert und dem Beginn des 15. Jahrhunderts wurde der Komplex architektonisch ausgestaltet. Nach der Reformation verfiel das Kloster und wurde erst ab 1827 konservatorisch gesichert. Gleichzeitig begann man, das Ruinengelände künstlerisch zu gestalten. Die Klosteranlage ist ganzjährig geöffnet und frei zugänglich.
Wolgaster Landstr. 41 | 17493 Greifswald

Tischlerei

Lange Tische, im Sommer auch auf der Terrasse mit Blick aufs Wasser. Beste, täglich wechselnde, immer frisch zubereitete Speisen – ein Fest für Augen und Gaumen.
Salinenstr. 22 | 17489 Greifswald | Tel. (0 38 34) 88 48 48

Die Eldenaer Klappbrücke überspannt den Ryck

24

Bäderstil am breiten Strand

Zinnowitz

Zinnowitz im Norden der Ostseeinsel Usedom ist ein großes und doch beschauliches Seebad mit beeindruckender Bäderarchitektur. Und der feine Sandstrand ist hier 40 Meter breit und scheint unendlich lang.

Bahnhof Zinnowitz

3 Stunden 13 Minuten ab Berlin Hbf (einmal umsteigen)

Tagesausflug, Langes Wochenende, Urlaub

Strand, Seebrücke, Strandpromenade, Bäderarchitektur, wandern, Rad fahren

Ostseebäder Trassenheide und Karlshagen, Historisch-Technisches Museum (5–14 Minuten Bahnfahrt)

Auch sonst hat der traditionsreiche Ort allerhand zu bieten: Die Bernsteintherme, ursprünglich in der DDR errichtet, ist das größte und schönste Freizeit- und Wellnessbad auf Usedom. An der Seebrücke kann man mit einer Tauchgondel dreieinhalb Meter tief in die Ostsee abtauchen und Fische beobachten.

Aber vor allem ist es das grandiose Seebadflair, das besonders im Sommer viele Besucher anzieht. An der breiten Strandpromenade reihen sich die Bädervillen wie Perlen an einer Kette aneinander. Auch an der zentralen Strandstraße und ihren Seitenstraßen stehen hübsche Gästehäuser aus alter Zeit.

Wechselvolle Geschichte

Wie bei vielen Orten auf Usedom siedelten sich die ersten Bewohner abseits des Meeres an. Zu groß waren die Gefahren bei einer Sturmflut. So liegt auch der alte Dorfkern von Zinnowitz über 1,5 Kilometer von der Ostsee entfernt. Erst ab dem 19. Jahrhundert, als die ersten Gäste nach Usedom kamen, dehnte sich das Dorf in Richtung Meer aus. Seit 1851 darf Zinnowitz sich Seebad nennen. Der große Aufschwung begann Anfang des 20. Jahrhunderts, als eine Seebrücke, die Promenade und viele Gebäude im Stil der berühmten Bäderarchitektur errichtet wurden.

Obwohl Zinnowitz als Bad des bürgerlichen Mittelstandes galt, machten auch etliche prominente Gäste hier Urlaub. Die Schriftstel-

Mir einer Tauchgondel geht es unter die Meeresoberfläche

lerin Hedwig Courths-Mahler, berühmte Autorin von Liebesromanen, war öfter hier Gast. Auch die Schauspieler Hans Albers und Zarah Leander weilten in Zinnowitz.

Und so hätte es noch lange weitergehen können mit dem Tourismus in Zinnowitz. Doch ab 1939 war erst einmal Schluss damit. Denn Zinnowitz lag nun im Einzugsbereich der Heeresversuchsanstalt in Peenemünde und wurde deswegen für die Allgemeinheit gesperrt. Nun wohnten Militärs und Wissenschaftler wie Wernher von Braun und seine Mitarbeiter in den Zinnowitzer Bäderstilvillen. Es wurde sogar extra eine S-Bahn-Strecke gebaut, um das Heer der in Peenemünde Tätigen täglich in dichtem Takt von Zinnowitz zur Heeresversuchsanstalt zu bringen.

In der DDR war Zinnowitz bekannt als Badeort für die Werktätigen der Wismut AG. Aus dieser Zeit stammt auch das große, denkmalgeschützte Kulturhaus aus den 1950er-Jahren im heutigen Kurpark, das der Versorgung und Unterhaltung der Urlauber diente. Nach Jahren des Verfalls wird das Kulturhaus nun zu einem Komplex mit luxuriösen Ferienwohnungen umgebaut.

Einen Besuch lohnt die Ende des 19. Jahrhunderts im neugotischen Stil auf dem Hügel im Ort erbaute Kirche. Hier werden im Sommer häufig Konzerte gegeben. Im Juli und August finden in Zinnowitz die Vineta-Festspiele statt, bei denen Geschichten rund um die geheimnisvolle Stadt, die der Sage nach einst im Meer vor Zinnowitz versunken sein soll, das Thema für die Theateraufführungen liefern.

★ **Bernsteintherme**
850 Quadratmeter großes Meerwasserschwimmbecken und weitere Becken. Auch ein im Winter dampfendes Außenbecken gibt es, ebenso verschiedene Saunen sowie etliche Angebot für Beauty und Wellness.
Dünenstraße 2 | 17454 Zinnowitz | Tel. (03 83 77) 3 55 00 |
www.bernsteintherme.de

Zum Smutje
Das beste Fischrestaurant in Zinnowitz mit regionaler, frischer und bodenständiger Küche in hoher Qualität geboten. Unbedingt reservieren!
Vinetastr. 5a | 17454 Zinnowitz | Tel. (03 83 77) 4 15 48 |
www.zum-smutje.de

Am breiten Strand in Zinnowitz ist viel Platz

25

Wo der Kaiser logierte

Heringsdorf

Die spektakulärste Seebrücke, die meisten Bädervillen, die mondänste Geschichte – Heringsdorf, das größte der drei Kaiserbäder, ist Usedoms berühmtestes Seebad.

Bahnhof Seebad Heringsdorf

3 Stunden 52 Minuten ab Berlin Hbf (einmal umsteigen)

Tagesausflug, Langes Wochenende, Urlaub

Strand, Seebrücke, Strandpromenade, Bäderarchitektur, wandern, Rad fahren

Kaiserbäder Bansin und Ahlbeck

Nach Heringsdorf kamen sie alle, rund um die Wende vom 19. zum 20. Jahrhundert: der Adel und der Geldadel, Maler wie Lyonel Feininger, Musiker wie Johann Strauß, Schriftsteller wie Theodor Fontane oder Thomas Mann. Sogar der Kaiser schaute mehrmals in Heringsdorf vorbei.

Seitdem hat sich vieles verändert, doch geblieben sind die alten Villen im Bäderstil. Heute ist die Mehrzahl davon liebevoll saniert, viele werden als Feriendomizile vermietet.

Heringsdorf ist das Zentrum der drei Kaiserbäder, es hat die meisten Einwohner, Gästebetten und Attraktionen. Verwaltungstechnisch stecken die drei Kaiserbäder unter einem Hut: Bansin und Ahlbeck gehören offiziell zu Heringsdorf. Miteinander verbunden sind die Seebäder durch die sieben Kilometer lange Promenade, die von Bäderstilvillen aus wilhelminischer Zeit gesäumt wird.

Neben all der Bäderstilherrlichkeit hat Heringsdorf auch eine moderne Seite. Am Strand ragt seit 1995 die wohl spektakulärste Seebrücke Kontinentaleuropas 508 Meter ins Meer hinaus. Das markante Bauwerk verfügt nicht nur über einen Schiffsanleger und mehrere Restaurants, sondern auch über eine Shoppingmall und Ferienwohnungen. Der landseits sich anschließende Platz des Friedens ist umringt von funktionalen Gebäuden, hier stehen auch die beiden Doppelhochhäuser aus DDR-Zeiten, heute Kurklinik und Kurhotel. Ebenfalls aus der DDR-Epoche stammt das Kulturhaus an der Promenade, das heu-

Höhepunkt des Baumwipfelpfads ist der Aussichtsturm

te wechselnden Ausstellungen dient. Hinter dem Platz des Friedens beginnt die beschauliche Friedenstraße mit ihren Läden und Cafés.

Bädervillen besuchen

Ein Rundgang zu den schönsten Bädervillen beginnt am besten an der Strandpromenade. Hier stehen die prunkvollsten Ferienresidenzen, umgeben von parkähnlichen Gärten. In der Villa Oppenheim (offizielle Adresse Delbrückstraße 10–11, aber von der Strandpromenade aus besser zu sehen) mit ihrem auffallenden Säulenportikus war Lyonel Feininger von 1909 bis 1912 mehrmals zu Gast. Zwei Häuser weiter steht die neobarocke Villa Bleichröder, die so unterschiedliche Gäste wie Hermann Göring und zu DDR-Zeiten den FDGB-Vorstand Harry Tisch beherbergt hat. In der Villa Staudt besuchte Kaiser Wilhelm II. mehrmals die Witwe Elisabeth Staudt zum Tee (offizielle Anschrift: Delbrückstraße 6). Im Garten steht auch eine Büste seines Großvaters, Wilhelm I. Sie erinnert daran, dass der spätere deutsche Kaiser Heringsdorf schon 1820 besuchte und dem Ort seinen Namen gab. Die Villa Oechsler, die ein Berliner Kommerzienrat 1883 in der heutigen Delbrückstraße 5 bauen ließ, hat ein sehenswertes Glasmosaik in ihrem Giebel. In der Villa hatte nach 1945 die sowjetische Besatzungsmacht ihre Kommandantur, später diente sie als Gemeindebibliothek, heute beherbergt sie ein Modegeschäft.

Auch abseits der Strandpromenade gibt es weitere sehenswerte Villen. So stehen die ältesten Sommerresidenzen rund um den Kulm, den mit 35 Metern höchsten Hügel von Heringsdorf. Besonders prächtig ist das Weiße Schloss in der Rudolf-Breitscheid-Straße 3. Hier ist heute ein Restaurant untergebracht. In der Villa Irmgard, auf halbem Weg zwischen Heringsdorf und Bansin in der heutigen Maxim-Gorki-Straße 3, war der russische Schriftsteller Maxim Gorki 1922 zu Gast, um seine Lungentuberkulose zu kurieren. Hier sind heute eine kleine Gedenkstätte und ein Heimatmuseum untergebracht.

Baumwipfelpfad Usedom
Über dem Wald: Auf einer Länge von 1300 Metern begeistert der barrierearme Steg mit grandiosen Ausblicken und vermittelt an zahlreichen Erlebnisstationen Wissenswertes zum Naturpark Usedom und der dort beheimateten Flora und Fauna. Höhepunkt ist mit 33 Metern der viereckige Aussichtsturm. Dort oben gibt es auch ein begehbares Netz, das für Nervenkitzel sorgt.
Am Bahnhof 12 | 17424 Heringsdorf | www.treetop-walks.com

Das kleine Restaurant
Rustikal anmutendes Lokal mit Außenterrasse. Feine, regionale Gerichte zu moderaten Preisen. Die Fischgerichte sind ausgesprochen lecker.
Seestraße 10 | 17424 Heringsdorf | Tel. (03 83 78) 2 22 97

Blick vom Strand auf die moderne Seebrücke von Heringsdorf

26

Das bürgerliche Kaiserbad

Ahlbeck

In Ahlbeck, dem östlichsten der drei Kaiserbäder, thront über feinstem Sandstrand die berühmteste und eleganteste Seebrücke Usedoms.

Bahnhof Seebad Ahlbeck

4 Stunden 2 Minuten ab Berlin Hbf (einmal umsteigen)

Langes Wochenende, Urlaub

Strand, Seebrücke, Strandpromenade, Bäderarchitektur wandern, Rad fahren

Kaiserbad Heringsdorf (5 Minuten Bahnfahrt)

Und rund um die historische Seebrücke breitet sich an der Promenade die ganze Pracht der Bäderstilarchitektur aus: Hotels und Logierhäuser mit Erkern, Balkonen und Veranden mit herrlich verspielten Verzierungen. Auch Ahlbeck ist heute wieder ein Schmuckstück des Bäderstils.

Verlässt man in Ahlbeck die erste und zweite Häuserreihe hinter der Promenade, wird das Seebad weniger mondän. Schon die leicht gewundene Seestraße, die Haupteinkaufsmeile, die von der Promenade landeinwärts führt, verströmt eine unaufgeregte kleinstädtische Atmosphäre, je weiter man sich vom Strand entfernt.

Ein Luxusseebad wie Heringsdorf und Bansin wollte Ahlbeck auch in früherer Zeit nicht sein. So kam nach Ahlbeck zur Sommerfrische um 1900 nicht der Geldadel, sondern der gut situierte bürgerliche Mittelstand.

Auch verstand man sich schon früh als Familienbad. An diese Tradition wird auch heute angeknüpft. So hat man die Promenade als Aktivpromenade für die ganze Familie gestaltet. Fantasievolle Spielplätze und Spielelemente wechseln sich ab mit innovativen Fitnessparcours für Erwachsene, Grünanlagen und Terrassen von Cafés und Restaurants.

Es begann am Aalbach

Die Geschichte Ahlbecks beginnt um 1700. Damals wurde am Flüss-

Historische Hotelbauten bestimmen das Bild an der Promeande in Ahlbeck chen Aal-Beeke (Aalbach) eine Wassermühle errichtet. Zur gleichen Zeit siedelten sich auch ein Fischer und ein Teerbrenner hier an. Da die Mühle aber Überschwemmungen auf Wiesen der Nachbardörfer verursachte, wurde sie bald wieder abgerissen. In der Folge siedelten sich Strandfischer und Kleinbauern an, die Einwohnerzahl wuchs. Bereits 1870 lebten 800 Menschen hier, die in zwei Ortsteilen westlich und östlich vom Bach wohnten. Etwa ab Mitte des 19. Jahrhunderts kamen die ersten Touristen nach Ahlbeck, zunächst Tagesgäste aus dem nahen Seebad Swinemünde. Doch bald boten auch die Ahlbecker Kost und Logis in ihren Häusern an. 1875 eröffnete das erste Hotel, 1894 wurde Ahlbeck an die Bahnstrecke Ducherow – Swinemünde angebunden. Ab 1907 durfte sich Ahlbeck Seebad nennen.

Die Ahlbecker Seebrücke

Schon 1882 errichtete man einen Holzsteg über dem Strand, der zu einer Plattform am Meer mit einem Restaurant führte. 1898 wurde für den Schiffsverkehr ein Anlegesteg gebaut, der 280 Meter in die Ostsee ragte. Anfang des 20. Jahrhunderts erhielt die Seebrücke ihr heutiges Aussehen: Anlegesteg und Plattform wurden miteinander verbunden. Seitdem kann man von der Strandpromenade um die Aufbauten auf der Plattform herum bis zum Ende der Brücke gehen, wo sich der Anleger für die Fahrgastschiffe befindet.

Seit 1986 steht das Bauwerk unter Denkmalschutz. Sehr gern wird die Ahlbecker Seebrücke auch als Kulisse für Fernseh- und Kinofilme genutzt, so auch in dem Filmklassiker „Pappa ante Portas“ von Loriot.

Ausflug nach Swinemünde

Von Ahlbeck führt die Promenade für Fußgänger und Radfahrer parallel zum Strand weiter ins vier Kilometer entfernte polnische Seebad Świnoujście (Swinemünde). Dabei passiert man an der offenen Grenze die Begegnungsplattform, eine über drei Meter hohe Edelstahlskulptur mit den beiden Staatswappen, die das Zusammenwachsen der Länder symbolisiert.

Ahlbecker Strandromenade

Die Ahlbecker Strandpromenade gehört zu den schönsten der gesamten Ostseeküste. Über Kilometer reihen sich Hotels und Villen im klassischen Bäderstil aneinander. Höhepunkt ist die Seebrücke mit ihren Zinnen und Türmchen. Dabei kann Ahlbeck auch modern und gesund, wie sich am beliebten Fitnessparcours an der Promenade zeigt. Die Strandpromenade geht im Norden in die Heringsdorfer Promenade über, südlich schließt sich die Promenade in Swinemünde an.

Uwes Fischerhütte

Vom Kutter direkt auf die Fischtheke: Hier gibt es fangfrischen Fisch in allen Varianten, vom Fischbrötchen bis zur kompletten Fischpalette. Betrieben wird das urige Bistro-Restaurant in der sechsten Generation von der Familie Krüger-Fischer.
Strandpromenade 12 (nahe Fischerstrand Richtung Heringsdorf) | 17419 Ahlbeck | www.uwes-fischerhuette.de

Fischkutter am Strand von Ahlbeck

27

Stadt der Promenaden

Swinemünde

Mit dem Deutschland-Ticket nach Polen reisen – das geht mit der Usedomer Bäderbahn, die bis ins große Seebad Świnoujście (deutsch: Swinemünde) fährt. Dort gibt es neben dem traumhaften Ostseestrand jede Menge Sehenswürdigkeiten: weitläufige Promenaden, das Wahrzeichen Mühlenbake, Festungen aus der deutschen Kaiserzeit und mehr.

Bahnhof Świnoujście Centrum

4 Stunden 7 Minuten ab Berlin Hbf (einmal umsteigen)

Langes Wochenende, Urlaub

Strand, Seebrücke, Strandpromenade, Bäderarchitektur, wandern, Rad fahren

Kaiserbäder Ahlbeck (5 Minuten Bahnfahrt) und Heringsdorf (10 Minuten Bahnfahrt)

Swinemünde hat eine bewegte Geschichte. Auf beiden Seiten an der Mündung der Swine in der Ostsee gelegen, sicherten hier im 19. Jahrhundert preußische Festungen den Wasserweg zum Hafen in Stettin. Gleichzeitig entwickelte sich der Ort zum beliebten Seebad. Ende des Zweiten Weltkriegs wurde die Stadt durch Luftangriffe zu großen Teilen zerstört. Nach Kriegsende fiel Swinemünde an Polen und heißt seitdem Świnoujście. Die Stadt wurde zunächst mit einfachen Mitteln wiederaufgebaut. Hafen und Tourismus gewannen an Bedeutung. Nach dem Ende des Kommunismus blühte Swinemünde auf. Heute ist das Kurviertel renoviert, die Innenstadt neu gestaltet, neue Hotelviertel und Attraktionen für Touristen sind entstanden.

Einen Rundgang durch die weitläufige Stadt beginnt man am besten, indem man erst einmal durch das alte Kurviertel in Richtung Ostseestrand läuft. Dort fällt auf: Swinemünde ist eine Stadt der Promenaden. Die 12 Kilometer lange Europa-Promenade führt parallel zum Ostseestrand von Swinemünde bis in die deutschen Kaiserbäder Ahlbeck, Heringsdorf und Bansin. Eine breite historische Promenade verläuft gut zwei Kilometer vom kleinen Gradierwerk am nördlichen Ortsende bis zur Konzertmuschel. Sie wird flankiert von Hotels und Kurhäusern aus der Zeit der Bäderarchitektur und geht in die Neue Promenade mit ihren modernen Hotels und Apartmenthäusern sowie Läden und etliche Restaurants. Parallel zur historischen Promenade gibt es zwei weitere Promenaden: Die knapp einen Ki-

Der Plac Wolności ist die gute Stube von Swinemünde

lometer lange Gesundheitspromenade verläuft in Strandnähe und bietet Outdoor-Fitness-Geräte, Spielplätze und einen Sinnesgarten mit exotischen Pflanzen. Von der Dünenpromenade, die rollstuhl- und kinderwagengerecht auf den hohen Stranddünen angelegt wurde, genießt man einen grandiosen Blick auf die Pommersche Bucht.

So oder so wird man in Richtung Swinemündung spazieren und über die vielen neuen, teils spektakulären Gebäude staunen. Wo die Neue Promenade endet, durchquert man einen Wald, um schließlich am Swineufer auf die Mole mit der Mühlenbake zu gelangen.

Von hier lohnt der Spaziergang landeinwärts an der Swine entlang. Am Weg liegen Fort Zachodni, das ehemalige Westfort, und Fort Aniola, ehemals Engelsburg, eine preußische Festung von 1858, die besichtigt werden kann.

Durch den angrenzenden weitläufigen Kurpark gelangt man zum Zentrum von Swinemünde am Plac Wolności. Rund um den quirligen Platz liegen weitere Sehenswürdigkeiten wie die wiederaufgebaute König-Christuskirche und der Lutherturm. Letzterer gehörte einst zur Lutherkirche, die im Zweiten Weltkrieg zerstört wurde. Der Turm wurde eindrucksvoll renoviert, im Innern gibt es ein Café und in 50 Metern Höhe eine Aussichtplattform mit tollem Blick auf die Stadt. Gleich unterhalb des Plac Wolności schließt sich der Hafen an, wo die Stadtfähre über die Swine übersetzt und sich das Museum für Hochseefischerei befindet, das im ehemaligen Rathaus neben der Meereswelt auch die Geschichte von Swinemünde zeigt.

Mühlenbake
Am östlichen Strandende zieht sich die Westmole über einen Kilometer aufs Meer hinaus. An deren Ende steht das Wahrzeichen der Stadt: die Mühlenbake, die seit 1877 mit ihren Mühlenflügeln Seeleuten Orientierung bietet. Muss man gesehen haben!

Café Wieża
Im Turm der ehemaligen Lutherkirche haben Justyna und Darius Czyżkow mit viel Liebe ein gemütliches Nostalgie-Café eingerichtet. An den Wänden hängen historische Fotos von Swinemünde.
Ul. Paderewskiego 7 | 72-600 Świnoujście

Highlight auf der Westmole: die Mühlenbake

Blick auf den Brocken im Harz

Ab in die Berge

Frische Bergluft, tiefe Täler und steile Höhen: In gut drei Stunden erreicht man per Bahn die Berge, den Harz, die Sächsische Schweiz oder die Zittauer Berge. Auch wenn es noch kein Hochgebirge ist – Bergwandern macht hier schon richtig Spaß.

28

Im Meer der bunten Fachwerkhäuser

Quedlinburg

Zwar noch nicht ganz im Harz, doch wunderschön: Quedlinburg ist eine bunte Fachwerkstadt mit ganz besonderem Charme. Und wer möchte, kann von hier mit der Harzer Schmalspurbahn ins Gebirge starten.

Quedlinburg Hbf

2 Stunden 54 Minuten ab Berlin Hbf

Tagesausflug, Langes Wochenende, Urlaub

Stadtspaziergang, wandern

In der Nähe: Wernigerode am Brocken (42 Minuten Bahnfahrt)

Um es gleich vornweg zu sagen: Mit dem einmalig geschlossenen historischen Stadtbild sowie der Stiftskirche und den Stiftsgebäuden auf dem Schlossberg gehört Quedlinburg in die erste Reihe deutscher Fachwerkstädte. 1994 wurde die Stadt in die UNESCO-Welterbe-Liste der schützenswerten Kulturgüter aufgenommen. Doch wer jetzt denkt, in Quedlinburg seien die meisten Häuser durchsaniert, das krumme Pflaster überall begradigt und die Straßen von schicken Läden gesäumt, der irrt. Stattdessen wirkt die Stadt auf sehr sympathische Weise unfertig, an manchen Ecken noch fast wie im Dornröschenschlaf. In der historischen Altstadt mit ihren kopfsteingepflasterten Straßen, verwinkelten Gassen und kleinen Plätzen stehen über 2100 Fachwerkhäuser aus acht Jahrhunderten.

Bis heute kann man erahnen, wie bedeutend Quedlinburg einmal war: 922 urkundlich zum ersten Mal erwähnt und 994 mit dem Stadtrecht versehen, war die Stadt vom 10. bis zum 12. Jahrhundert Sitz der Königspfalz. Das Herzstück von Quedlinburg bildet der Marktplatz mit dem Rathaus aus dem 14. Jahrhundert und der Roland-Figur davor, einem Sinnbild der Eigenständigkeit einer Stadt mit Marktrecht und eigener Gerichtsbarkeit.

Doch die Welt des Mittelalters war eng, groß und weit waren nur die Kirchenbauten. So prägen viele kleinere Fachwerkgebäude die Stadt. Originelle Cafés und Restaurants haben sich in den alten Gemäuern eingerichtet, manche ziehen sich gleich durch mehrere Häu-

Am Markt in Quedlinburg

ser, wie zum Beispiel das Café Zum Roland, wo sich kleine Gasträume über sieben verwinkelte Gebäude ausbreiten. Daneben gehören reich verzierte Handelsgebäude mit Speichern und eindrucksvolle Kirchen zum Stadtbild.

Vom Marktplatz läuft man ungefähr 15 Minuten zum Schlossberg, dem Wahrzeichen von Quedlinburg. Durch lauschige Gassen erreicht man den Finkenherd, eine romantische Ecke mit Gebäuden aus der Zeit um 1500. Kurz danach stößt man auf den hübschen Platz Am Schlossberg mit dem Klopstockhaus, einem alten Patrizierhaus. Der Dichter Friedrich Gottlieb Klopstock wurde hier als erstes von 17 Kindern 1724 geboren. Ein liebevoll gestaltetes Museum gibt Einblick in die Wohnverhältnisse und das Werk des Dichters. Gleich um die Ecke zeigt die Lyonel-Feiniger-Galerie Werke des deutsch-amerikanischen Malers und Grafikers. Von hier geht es den Schlossberg hinauf. Oben erhebt sich neben dem Schloss die majestätische Stiftskirche St. Servatius. Sie erhielt im 12. Jahrhundert ihr heutiges Aussehen, wurde im Jahr 1129 geweiht und gehörte zu einem Damenstift, der von der Witwe König Heinrichs I., Mathilde, gegründet wurde. Beide sind in der Krypta der Kirche bestattet. Der Domschatz in der Stiftskirche zählt zu den berühmtesten Domschätzen Deutschlands.

Gegenüber dem Schlossberg erhebt sich der Münzenberg, auf dem sich weitere Fachwerkhäuser und die Reste der romanischen Klosterkirche St. Marien drängen.

★ **Schlossberg mit Schlossmuseum und Stiftskirche**
Ein Spaziergang durch die Stiftsgärten auf dem Bergplateau bietet einen bezaubernden Blick über die historischen Dächer von Quedlinburg bis ins Umland. In der eindrucksvollen Stiftskirche St. Servatius kann der Domschatz besichtigt werden.
Schlossberg 1 | 06484 Quedlinburg

Pfannkuchencafé Kaiser
Sehr gemütliches Café, im Sommerhalbjahr mit lauschigem Innenhof. Leckere Waffeln und Kuchen. Der Hammer ist der warme Apfelkuchen mit Vanillesoße und Softeis! Auch herzhafte Pfannkuchen im Angebot.
Lange Gasse 27 | 06484 Quedlinburg

Auf dem Schlossberg erhebt sich die Schlosskirche St. Servatius

Privat-
Grundstück

29

Auf zum Brocken!

Wernigerode

Das Städtchen Wernigerode mit seinen aufwendig restaurierten farbenfrohen Fachwerkhäusern liegt am Nordrand des Harzes. Hier startet auch die dampflokbetriebene Schmalspurbahn, die zum sagenumwobenen Brocken fährt.

Wernigerode Hbf

2 Stunden 48 Minuten ab Berlin Hbf

Tagesausflug, Langes Wochenende, Urlaub

Stadtspaziergang, Wanderung

In der Nähe: Brocken (1 Stunde 41 Minuten Zugfahrt mit der Harzer Schmalspurbahn, leider nicht mit dem Deutschland-Ticket)

Wernigerode ist mit seinem historischen Stadtkern heute ein wahres Schmuckstück – und der Brocken einer der meistbesuchten Gipfel Deutschlands. Das war nicht immer so: Zu DDR-Zeiten durfte der Brocken von Normalsterblichen nicht betreten werden. Auf dem höchsten Gipfel Norddeutschlands arbeiteten damals DDR-Grenzsoldaten, Abhörexperten und sowjetische Geheimdienstmitarbeiter.

Dabei war der kahle Gipfel, der von Wernigerode aus gut zu sehen ist, immer ein geheimnisumwitterter Sehnsuchtsort der Deutschen. Im späten Mittelalter glaubte man, dass sich auf dem Brocken in der Walpurgisnacht Hexen versammeln würden. Bis heute wird die Nacht vom 30. April zum 1. Mai in den Orten rings um den Brocken gefeiert. Seit 2006 breitet sich rund um den Brocken der Nationalpark Harz aus, einer der größten Waldnationalparks Deutschlands. Hier überlässt man die Natur wieder weitgehend sich selbst. In einigen Jahren soll ein Urwald wachsen. Dass Teile der Wälder rund um den Brocken heute kahl und krank aussehen, hat nicht nur mit der Luftverschmutzung früherer Zeiten zu tun, sondern auch mit den seinerzeit als Monokultur angelegten Nadelbäumen.

Man kann den Brocken auf verschiedenen Routen erwandern. Bequemer geht es mit der traditionsreichen Brockenbahn. Die Schmalspurbahn schnauft seit 1992 wieder mehrmals täglich auf den Berg der Hexen, allerdings zu einem happig hohen Fahrpreis (Deutschland-Ticket gilt hier nicht). So oder so sollte man sich warm anziehen: Auf

Blick von der Burg auf Wernigerode

dem Brocken ist es immer etliche Grad kälter als im Flachland, oft pfeift ein eisiger Wind.

Unten im Tal, in der hübschen Fachwerkstadt Wernigerode, gibt es einiges zu entdecken. Das schönste und berühmteste Gebäude der Stadt ist das Rathaus aus dem 15. Jahrhundert. Der reich verzierte Fachwerkbau mit zwei hohen Türmen steht an der Südflanke des stimmungsvollen Marktplatzes. Von hier zweigen von Fachwerkhäusern gesäumte Gassen und Straßen ab, darunter auch die Einkaufsmeile Breite Straße. Viele Häuser sind mit Holzelementen und bunten Details verziert. Am Marktplatz kann man auch den Aufstieg zum Schloss beginnen, das kühn auf dem Schlossberg oberhalb der Altstadt thront.
Der gut fünfzehnminütige Spaziergang, der am Ende über einen Treppensteig führt, lohnt die Mühe unbedingt. Oben wird man nicht nur mit einem grandiosen Ausblick auf Wernigerode, den Brocken und ins Harzvorland belohnt, sondern hat auch noch Gelegenheit, das spannende Schlossmuseum zu besichtigen. Dort streift man durch die original eingerichteten Gemächer der Schlossbewohner des 19. Jahrhunderts und lernt dabei viel über deren Lebensumstände. Die ehemalige Höhenburg wurde im mittelalterlichen 12. Jahrhundert errichtet und seitdem mehrfach umgebaut und ausgeweitet.

Brockenbahn
Das Schienennetz der Harzer Schmalspurbahnen verbindet Wernigerode mit dem Bahnhof Drei Annen Hohne (bis hierhin fährt man mit dem Deutschland-Ticket plus Schmalspurbahnzuschlag), wo die Bahn zum Brocken abfährt. Für die Brockenbahn gilt das Deutschland-Ticket nicht. Einige Züge fahren auch direkt ab Wernigerode. Von Drei-Annen-Hohne kann man auch in rund zwei Stunden auf den Brocken wandern.
www.hsb-wr.de

Der Brockenwirt
Wer es zu Fuß oder mit der Brockenbahn auf den Brocken geschafft hat, muss nicht darben: Das rustikale Restaurant Brockenwirt hält zünftige Speisen wie Erbsensuppe, Pommes und Würstchen (auch vegan) bereit. Im Brockenbahnhof.

Der Brocken ist der höchste Gipfel Norddeutschlands

30

Abschalten am Fuß der Bastei

Rathen

Ein Ort der wundervollen Aussichten – und zum Entschleunigen. Der Luftkurort Rathen im Elbsandsteingebirge liegt malerisch an der Elbe unterhalb einer mächtigen Felsformation, der Bastei.

Bahnhof Kurort Rathen

3 Stunden 51 Minuten ab Berlin Hbf, (zweimal umsteigen)

Langes Wochenende, Urlaub

Aussicht genießen, wandern, abschalten

In der Nähe: Kurort Bad Schandau mit Kirnitzschtalbahn (9 Minuten Bahnfahrt)

Die Bastei zählt zu den meistbesuchten Touristenattraktionen des Elbsandsteingebirges. Trotz der beachtlichen Menschenströme, die es an Wochenenden im Sommerhalbjahr durch die beiden pittoresken Gassen des 350-Seelen-Dorfes Rathen zum Basteiweg zieht, ist es in Rathen vor allem ruhig und beschaulich. In dem rundum von spektakulärer Natur umgebenen Ort gibt es so gut wie keinen Verkehrslärm. Bahnstation und Parkmöglichkeiten befinden sich auf der gegenüberliegenden Seite des breiten Elbstroms. Dorthin pendelt eine absolut lautlose, nur von der Strömung angetriebene Personen-Seilfähre.

Spätestens wenn am Abend die letzten Tagesbesucher die Elbe Richtung Bahnhof und Parkplätze überquert haben, ist nur das leise, aber stetige Plätschern des großen Stroms und das Rauschen des Windes zu hören – himmlisch.

Aufstieg zur Bastei

Ob man Ruhe sucht oder nicht: Der schweißtreibende Aufstieg von Rathen zur Bastei ist ein Muss. Er führt durch eine spektakuläre Felsenlandschaft. Einst trieben hier Raubritter ihr Unwesen. Dann kamen die Romantiker. Caspar David Friedrich malte nach Basteimotiven sein berühmtes Bild *Felsenpartie im Elbsandsteingebirge.*

Hat man die Plateauhöhe der Felsformation erreicht, gelangt man zunächst zur Ruine der Felsenburg Neurathen. Die im 16. Jahrhundert verfallene Burg ist heute als Freilichtmuseum rekonstruiert und

Blick von der Bastei ins Elbtal

lässt erahnen, wie damals gelebt wurde. Über Brücken und Leitern passiert man ausgehauene Räume, Balkenlager, die Zisterne und eine mittelalterliche Steinschleuder. Von der Felsenburg überspannt die 76 Meter lange Basteibrücke auf Viadukten eine Schlucht. Auf der anderen Seite ist bald die kühn über einem Felsvorsprung thronende Aussichtsplattform der Bastei erreicht. Tipp: Am magischsten ist es hier früh morgens, wenn man das Felspanorama fast für sich allein hat.

Für den Rückweg von der Bastei nach Rathen empfiehlt sich der etwas längere, gut ausgeschilderte Weg durch die wildromantische Landschaft der Schwedenlöcher. Der Name Schwedenlöcher stammt aus dem Dreißigjährigen Krieg, als sich die Einwohner der umliegenden Orte mit ihrer Habe in den Felsspalten vor den Schweden versteckten.

Kurz vor dem Ortseingang von Rathen lockt noch eine weitere der Entschleunigung dienende Aktivität: Tret- oder Ruderbootfahren auf dem Amselsee.

Was kann man sonst noch in Rathen erleben: den versteckt auf einem Hügel über dem Ort liegenden Rhododendronpark besuchen, auf der anderen Uferseite auf der Klangterrasse entspannen und die (Miniatur-)Eisenbahnwelten bestaunen, beim Wandern rund um den Ort die herrliche Umgebung genießen.

★ **Felsenburg Neurathen**
Die Ruine einer mittelalterlichen Felsenburg in den Basteifelsen bei Rathen wurde als Freilichtmuseum rekonstruiert. Man erkennt noch gut die ausgehauenen Räume, die Zisterne und mehr.

Rosengarten
Im ältesten Restaurant in Rathen speist man in der warmen Jahreszeit auf einer von alten Kastanien bestandenen Terrasse mit Elbblick. Serviert wird feine sächsische Küche.
Kottesteig 1 | 01824 Rathen | www.rosengarten-rathen.de

Die Basteibrücke überbrückt eine tiefe Schlucht

31

Tor zum Elbsandsteingebirge

Bad Schandau

Das hübsche Kurstädtchen ist ein idealer Ausgangspunkt für Wanderungen und Klettertouren im Elbsandsteingebirge. Dank der historischen Kirnitzschtalbahn kann man es dabei auch gemächlich angehen lassen.

- Bahnhof Bad Schandau
- 4 Stunden 1 Minute ab Berlin Hbf (zweimal umsteigen)
- Langes Wochenende, Urlaub
- Wandern, klettern, Aussicht genießen, mit historischer Straßenbahn fahren
- In der Nähe: Kurort Rathen mit Bastei (9 Minuten Bahnfahrt)

Ankunft am Nationalparkbahnhof Bad Schandau: Mit der Fähre überquert man erst einmal über die Elbe. Dabei beeindruckt das Panorama der Kleinstadt: Prächtige klassizistische Hotelbauten säumen bald das Ufer, dahinter ragen steil Sandsteinfelsen auf.

Gemütlich und überschaubar geht es zu, in dem hübschen Kurort im Elbtal. Am Marktplatz liegen das feine Hotel Elbresidenz und, an der Stirnseite, die sehenswerte St.-Johannis-Kirche. Deren Kirchturm ist schon von Weitem zu sehen. In der Kirche findet man einen Renaissancealtar – und verschiedene Hochwassermarkierungen. Bad Schandau war immer wieder von Hochwasser betroffen gewesen, zuletzt 2021. Mitten auf dem Marktplatz steht der Sendigbrunnen mit Badenixe, eine Rekonstruktion des 1896 errichteten Brunnens.

Gegenüber der Kirche zweigt die Kirchstraße ab, eine pittoreske Gasse, die zur Poststraße führt, der zweiten kleinen Flaniermeile. Auf der Poststraße gelangt man auch zum hübschen Kurpark und zur Endhaltestelle der Kirnitzschtalbahn.

Die Kirnitzschtalbahn ist eine Straßenbahn, die sich entlang des Flüsschens Kirnitzsch durch das enge und überaus reizvolle Tal zwängt und damit seit 1898 Teile der Hinteren Sächsischen Schweiz erschließt – ein Highlight von Bad Schandau. Die Endhaltestelle der gelben Bahnen liegt am Lichtenhainer Wasserfall, dem Ausgangspunkt für Wanderungen zum berühmten Kuhstall oder zur Idagrotte. Die Idagrotte ist eine große Kluft- und Schichtfugenhöhle, durch die man

Bad Schandau liegt malerisch an der Elbe

durchgehen kann. Sie kann nur über einen schmalen Felsvorsprung erreicht werden. Doch in Bad Schandau gibt es noch eine andere Sehenswürdigkeit, die den Aufstieg in die umliegenden Berge leicht macht: Der Historische Personenaufzug, der Menschen aus der Stadt den Berg nach oben befördert. Man sieht ihn schon vom Elbufer aus. Er wurde bereits 1904 errichtet und fährt insgesamt 50 Meter in die Höhe. Oben kann man dann den tollen Ausblick auf Bad Schandau und die Elbe genießen.

Wanderung zum Kuhstall

Die Wanderung zum Kuhstall ist ein Muss, führt sie doch zu einen der spektakulärsten Aussichtpunkte im Elbsandsteingebirge. Start ist an der Endhaltestelle der Kirnitzschtalbahn am Lichtenhainer Wasserfall. Von hier geht es mit moderaten Anstiegen auf der markierten Route bergaufwärts. Nach 40 Minuten oben angekommen, erwartet einen ein 11 Meter hohes, 17 Meter breites und 24 Meter tiefes Felsentor. Der Name geht auf den Dreißigjährigen Krieg zurück, als Bauern hier oben ihr Vieh vor den schwedischen Soldaten versteckten.
Durchquert man das Felsentor, gelangt man zu einem Aussichtspunkt, von dem man einen weiten Blick über die Felsenlandschaft der sächsischen Schweiz hat. Von hier aus erreicht man durch eine Felsspalte den Aufgang zur Himmelsleiter, einer sehr schmalen, steilen Treppe – nichts für Menschen mit Platzangst! Die Treppe führt zu den Resten einer früheren Burganlage.

Schrammsteine

Ein anderes spektakuläres Wanderziel ist das Gebiet um die Schrammsteine, ein Eldorado für Kletterer und Bergsteiger. Start ist am Historischen Personenaufzug. Für eine Rundtour sollte man gut zwei Stunden einplanen. Nach dem Aufstieg über teils abenteuerliche Stiegen und Kletterfelsen bietet sich in der Schrammsteinaussicht ein wunderbarer Panoramarundblick von den Tafelbergen über das Elbtal bis in die Hintere Sächsische Schweiz.

Nationalparkzentrum Sächsische Schweiz
Alles über Flora, Fauna, Geologie und Entstehungsgeschichte des Elbsandsteingebirges. Mit interaktiven Ausstellungselementen zum Thema Wald mit Besonderheiten wie Sachsens einziger Ameisenwelt. Auf dem Außengelände Spielplatz, Ruhebereich, ein Schulgarten und ein grünes Klassenzimmer. Auch einen Lehmbackofen gibt es,
Dresdner Straße 2 b | 01814 Bad Schandau |
www.nationalparkzentrum-saechsische-schweiz.de

Cafe Elbflorenz
Café-Restaurant mit schöner Terrasse an der Elbe. Bodenständige regionale Küche, neben Fleisch- und Fischgerichten auch vegane und vegetarische Speisen. Großes Kuchen- und Tortenangebot.
An der Elbe 8 | 01814 Bad Schandau

Die Kirnitzschtalbahn fährt fährt zum Lichtenhainer Wasserfall

32

Dreiländereck entdecken

Zittau

Bei einer Reise nach Zittau kann man nicht nur eine bezaubernde alte Stadt kennenlernen, sondern auch mit einer historischen Schmalspurbahn ein besonderes Mittelgebirge entdecken.

- Bahnhof Zittau
- 3 Stunden 32 Minuten (einmal umsteigen)
- Langes Wochenende, Urlaub
- Stadtspaziergang, wandern, Burgruine erkunden
- In der Nähe: Oybin in den Zittauer Bergen (42 Minuten Fahrt mit der Zittauer Schmalspurbahn)

Zittau ist an sich schon eine Reise wert: Handel, Tuchmacherei und Braukunst haben die Stadt einst reich gemacht, wovon noch viele Gebäude künden. Heute liegt Zittau im äußersten Südosten Deutschlands, dem Dreiländereck Deutschland-Polen-Tschechien.

Die historische Innenstadt ist ein wahres Schmuckstück. Der große rechteckige Marktplatz ist vollständig von liebevoll sanierten Gebäuden vergangener Epochen umgeben. Er bildet seit dem Mittelalter den Mittelpunkt der Stadt. Hier mündeten die Handelsstraßen aus verschiedenen Richtungen. Dominiert wird der Platz an seiner Stirnseite vom 1845 erbauten Rathaus. Es erinnert an einen florentinischen Renaissancepalast. Auf der gegenüberliegenden Seite des Marktplatzes steht der Marsbrunnen von 1585. Auf der Säule in seiner Mitte thront der römische Kriegsgott Mars mit Helm und Hellebarde.

Folgt man einem Wegweiser nahe dem Brunnen in Richtung Pop-Art-Viertel, zeigt sich eine andere Seite von Zittau: Aus einem in den 1980er Jahren errichteten Plattenbauviertel hat ein Berliner Künstler ein buntes, fantasievolles Pop-Art-Karree gestaltet. An den farbenfrohen Fassaden kleben Menschen, Widder, Früchte und Fantasiewesen.

Etwas oberhalb des Markplatzes erhebt sich die große St. Johannis-Kirche mit zwei unterschiedlichen Türmen. Ihre heutige Gestalt erhielt die Kirche 1838 durch den preußischen Architekten Karl Friedrich Schinkel, doch ihre Ursprünge reichen bis ins 14. Jahrhundert zurück. Den südlichen Kirchturm kann man besteigen. Von der Aussichtplatt-

Der Marsbrunnen steht am Zittauer Marktplatz

form in 60 Metern Höhe bietet sich ein fantastischer Weitblick über Zittau und die nahen Zittauer Berge.

Ein historisches Monument anderer Art erhebt auf dem Platz mit dem Namen Neustadt, vom Marktplatz aus gesehen einige Schritte hinter dem Rathaus: das Salzhaus. Das imposante siebenstöckige Lagerhaus wurde 1511 erbaut und diente ursprünglich als Salzkammer.

Das bedeutendste mittelalterliche Kunstwerk Zittaus ist in der Kirche zum Heiligen Kreuz zu besichtigen: das Große Zittauer Fastentuch von 1472. Es ist das einzige erhaltene Fastentuch seiner Art in Deutschland. Das 56 m^2 große Leinentuch zeigt auf insgesamt 90 Feldern biblische Szenen aus dem Alten und Neuen Testament.

Mit der Schmalspurbahn in die Zittauer Berge

Nach so viel geballter Kultur nun aber ab ins Gebirge: Vom Zittauer Hauptbahnhof und weiteren Haltestellen zuckelt die Zittauer Schmalspurbahn täglich in die Berge. So erreicht man nach einer guten halben Stunde den Kurort Oybin. Bevor man zur Wanderung aufbricht, sollte man unbedingt die Ruinen von Burg und Kloster Oybin erkunden. Beide stehen auf dem imposanten Burgberg, nur einen fünfzehnminütigen Aufstieg entfernt. Oben angekommen, präsentieren sich die steinernen Überreste eindrucksvoll und offenbaren eine wunderschöne Aussicht über das von Tälern und Felsen zerklüftete Zittauer Gebirge. Rund um Oybin führen zahlreiche, bestens ausgeschilderte Wanderwege durch die Mittelgebirgslandschaft. Eine Wanderung nach Jonsdorf mit seinem Nonnenfelsen samt Felsenpark bietet sich besonders an. Von dort fährt die Schmalspurbahn zurück nach Zittau.

★ **Zittauer Schmalspurbahn**
Täglich zuckeln die historischen Dampflokzüge mehrmals von Zittau in die Zittauer Berge nach Oybin oder Jonsdorf. Fahrgäste mit Deutschland-Ticket zahlen nur einen Schmalspurzuschlag.
www.zittauer-schmalspurbahn.de

Historisches Wirtshaus Dornspachhaus
Spezialitäten aus der Oberlausitz, Böhmen und Schlesien im ältesten Wohnhaus der Stadt. Mit lauschigem Arkadenhof.
Bautzner Straße 2 | 02763 Zittau | www.dornspachhaus.de

Die Wanderwege in den Zittauer Bergen sind gut beschildert

Stern -
Jonsdorf
Thomassteine-
Oybin
Poetenweg
Hausgrund - Oybin
NATURPARK ZITTAUER GEBIRGE
Talringweg
NATURPARK ZITTAUER GEBIRGE
RÜCKSICHTSVOLL UNTERWEGS
Diesen Wegeabschnitt benutzen
Wanderer und Biker gemeinsam.
Wanderer haben hier Vorrang!

Liebe Leserinnen und Leser,

alle Angaben in diesem Reiseführer sind gewissenhaft geprüft. Trotz gründlicher Recherche unserer Autorinnen und Autoren können sich manchmal Fehler einschleichen. Wir bitten um Verständnis, dass der Verlag dafür keine Haftung übernehmen kann. Über Hinweise, Berichtigungen und Ergänzungsvorschläge freuen wir uns jederzeit:

via reise verlag
Lehderstraße 16–19
13086 Berlin
E-mail: post@viareise.de
www.viareise.de

1. Auflage, Berlin 2024

ISBN 978-3-949138-35-5

Autor
Klaus Scheddel

Redaktion
Julian Funke, Gabriela Dimitrieva

Layout
via reise verlag und Artegraph GbR, Berlin

Herstellung & Gestaltung
Julian Funke und Artegraph GbR, Berlin

Umschlagreihengestaltung
Nino Arndt, Berlin

Druck
Druckhaus Sportflieger, Berlin

FSC www.fsc.org MIX Papier aus verantwortungsvollen Quellen FSC® C104586

Fotos
Klaus Scheddel, außer:
70650/pixabay.com 11; Alexa Christ 45; Amt für Wirtschaft, Tourismus und Forst Ribnitz-Damgarten 71; aro49/stock.adobe.com 68; ArTo/stock.adobe.com 16, 19, 80, 96, 138; Bboellinger/pixabay.com 38; BNPT/pixabay.com 84; Chemnitz von oben/stock.adobe.com 46; Christin Drühl 37, 55; Comofoto/stock.adobe.com 83; devteev/stock.adobe.com 34; Dolores Kummer 33; Elke Handke/pixelio.de 12; engel.ac/stock.adobe.com 75; Erlebnisakademie AG/Baumwipfelpfad Usedom 108; Ewald Fröch/stock.adobe.com 63; Fineart Panorama/stock.adobe.com 60; Fischernetworks/shutterstock.com 104; Franzfoto/Wikipedia 29; gert hochmuth/stock.adobe.com 126; Görlitz Tourismus/S. Wenzel Gross 42; kama71/stock.adobe.com 79; Karin Jähne/stock.adobe.com 134; KsDW/Peter Dafinger 41; LianeM/stock.adobe.com 91; marcus_hoffman/stock.adobe.com 120–121, 129; Markus Mainka/stock.adobe.com 3; Mattoff/stock.adobe.com 6–7; Michael/stock.adobe.com 72; motivthueringen8/stock.adobe.com 50–51; nounours17/stock.adobe.com 15; Oliver Hlavaty/stock.adobe.com 4; Pixeltheater/ stock.adobe.com 111; Rasso Knoller 92, 115; Rico Ködder/stock.adobe.com 67; Sina Ettmer/stock.adobe.com 23, 52, 49, 56, 103, 137; sweasy/stock.adobe.com 26; Tourismus-Marketing Brandenburg GmbH 8; Ute Kissling 99; Waren (Müritz) Kur und Tourismus GmbH 30

Umschlagklappe vorn
Zittauer Berge (vincent0404/stock.adobe.com)